원리로 재미있게 배우는 외통의 정석

통쾌한 장기
외통수 21

구영모 지음
프로 九단 박영완 추천

논리적이고 합리적 사고를 하는 대국자간에는 장기만큼 정직하고 분명하고 **논리적인 게임**도 드물다.
또한 자기가 내린 결정의 옳고 그름에 대해 책임을 지고 그 판단결과에 따라서
이기기도 하고 지기도 하는 것을 배우게 된다.

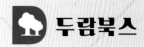 두람북스

원리로 재미있게 배우는 외통의 정석

통쾌한 장기 외통수 21

2022년 11월 30일 초판 인쇄
2022년 11월 30일 초판 발행

지 은 이 | 구영모
발 행 인 | 김세영
발 행 처 | 두람북스
등록번호 | 제2018-000219호

주   소 | 서울특별시 강남구 언주로 544, 삼본빌딩 602호
전   화 | 02-566-6433
팩   스 | 02-567-4308
I S B N | 979-11-965527-9-4 (03690)
가   격 | 23,500원

"이 도서의 국립중앙도서관 출판예정도서목록(CIP)은 서기정보유통지원시스템
(http://seoji.nl.go.kr)과 국가자료종합목록(http://www.nl.go.kr/kolisnet)
에서 이용하실 수 있습니다."

장기게임이란 두 지성들 간의, 두 인격체 간의 대결이라 볼 수 있다.
최고 수준의 기사들이 치열한 싸움을 하면서 좋은 수를 위해
많은 아이디어를 내고, 다양하고 흥미로운 전략과 전술을 구사하는
장면들을 음미하고, 또 위기상황을 서로 적절히 대처해 가는
과정을 지켜보다 보면 삶의 지혜도 배우게 되고 인생을 더 깊이 생각하게 된다.
그래서 장기를 인생의 축소판이라고 하는가 보다.
장기는 애호가들에게 많은 즐거움을 주는 좋은 건전한 취미임에 틀림이 없다.

머리말

한국장기와 체스, 중국장기, 일본장기 같은 모든 장기 사촌 게임 등은 상대의 왕을 잡으면 이기는 게임입니다. 근래에 각종 한국장기 대회와 인터넷 장기에서 점수제가 도입된 이후에 대국자들이 너무 점수에 연연하여 장기의 본질을 종종 잊는 경향이 있는 것 같아 보이나 어떻게 하든 간에 장기는 아무리 기물이 우세해도 자신의 왕이 죽으면 패하는 게임이고, 역설적으로 말하면 아무리 패색이 짙은 게임도 상대의 왕을 한 방에 케이오로 쓰러뜨릴 수만 있으면 다진 게임을 통쾌하게 역전으로 이기는 것이 가능하다는 이야기입니다.

그럼 장기 게임에서 외통에 능통할 길은 무엇이고 어떻게 빨리 그 기술을 습득할 수 있을까요?

본 저서는 평생을 위의 질문을 하면서 고민하고 연구하였던 바이고, 그 비법을 정리한 후 많은 사람들에게 그 비결을 전수하려 노력한 결과입니다. 수많은 대국을 경험하고 고수들의 대국을 분석하고 모든 외통으로 끝났던 대국에서 아주 유사한 형태만을 분류하여 나누어 본 결과 외통으로 끝나는 모든 대국이 크게 나누어 볼 때 다섯 개의 그룹으로 나누어짐을 발견하였습니다. 아무리 세분을 하여도 기본형 21개에 불과하였습니다. 그렇다면 **이 기본형만 숙지하면 정말 빨리 장기가 늘 수가 있을까요?** 대답은 **"예"**입니다.

이제까지 검토해 본 바로는 신기하게도, 아직까지는 수많은 대국 중에서 이 분류법을 벗어나는 경우는 단 1국도 볼 수가 없었고 심지어는 시중에 나오는 모든 박보 문제도 최종 외통 모양이 이 분류 범위를 벗어나지 않았습니다.

장기 게임에서 경험이 중요하다고는 하지만 무작정 시간을 들여서 대국 경험만 쌓는 것보다는 이런 이론적인 바탕에서 시작하여 체계적이고 집중적으로 논리적인 훈련을 받으면 외통에 대한 눈이 크게 트이고 **아주 빠른 시간 안에 장기의 본질에 접근을 할 수 있지 않을까 생각하니 기쁘기 그지없습니다.** 이 책을 쓴 이유도 장기를 좋아하지만 실력이 잘 늘지 않아서 안타까워하는 동호인을 위해 제가 발견한 이 외통의 에센스를 공유하고자 함이고 이를 통해 빨리 장기를 즐기는 수준으로 올라가기를 바라는 마음에서입니다.

본 저서를 위해 실전에서 자주 나오는 외통 형태에 관한 자료 수집을 오랫동안 하였고, 많은 외통국을 꼼꼼하게 집중 분석 후 외통 이론을 정리하였습니다. 본 저서는 외통의 장기 기술에 대해 체계화된 이론을 정립시킨 점이 특징이라 하겠습니다.

또한, 앞서 출판된 본인의 저서인 장기야 놀자 (1권 & 2권) 책이 나오고 나서 많은 독자로부터 사랑을 받고, 많은 의견을 듣고, 책 편집에 대해 개선이 필요하다는 생각을 해 보았습니다.

너무 복잡하고 독자가 이해하기 어렵고 빨리 머릿속에서 상황이 떠오르지 않는다는 독자의 의견을 받아들여서, 본 책의 구성과 내용 전달 면에서는, 좌표를 가능하면 간단히 표기함과 동시에, 좌표에 의해 기보를 설명하는 것 외에도 보조 수단으로 많은 그림을 기재하여, 좌표를 잘 모르고 장기판이 없더라도 필자의 설명을 잘 이해할 수 있도록 좌표와 그림으로 기물의 이동을 설명하는 것으로 보완을 하였습니다.

　이 책은 장기 기물의 길만 알면 외통 문제를 퀴즈처럼 즐기고 외통에 대한 감각을 익히도록 도와주며, 장기 게임 운영이 미숙한 분을 포함하여 장기의 실력이 늘기를 원하는 아마추어 초, 중급자 분들뿐 아니라 초등학교의 특별활동으로 장기를 배우는 학생들의 워크북으로의 활용을 목표로 만들어진 책이고 보기 쉽도록 초의 입장에서 그림을 놓아서 모두 초차례로 통일을 하였습니다.

　모쪼록 이 책을 통해서 독자들의 기력이 일취월장하고 장기를 더욱 즐기고 장기와 더불어 즐거운 인생을 보내시기를 바랍니다.

2022년 초가을에 저자 올림

추 천 사

    장기는 포진, 중반전투 그리고 종반 마무리 이렇게 세 단계로 분류합니다. 그 중 종반 마무리는 난이도가 아주 높고 익히는 데에 있어 상당한 시간을 요하는 만큼 어려운 것이 사실인데, 대국 경험이 아주 많지 않으면 일반 장기동호인들이 실전에서 활용되는 모든 외통의 형태를 다 경험하지 못하기 때문입니다.

    이 책은 묘수풀이 문제와 실전에서 나오는 모든 외통의 공식을 풀어 놓은 것 같은 실제 대국에서 나오는 외통 상황을 거의 다 그대로 모아놓은 외통 문제의 결정판이며 아주 놀라운 책이라고 표현하고 싶습니다. 사실 이 책을 접하고 이런 생각이 맨 처음 머릿속을 스쳐갔습니다. "지금까지 왜 이런 장기 책이 없었을까?"

    이 느낌을 비유하자면, 지금까지 버스를 타고 서울에서 부산을 가시다가, 한번 KTX를 타고 훨씬 더 빠르게 목적지에 도달해서 느꼈던 그런 느낌을, 독자 여러분들이 이 책을 다 읽은 후에 받지 않으실까 하고 예상해 봅니다.

다년간의 경험을 통해서 얻은 지식과 장기철학을 교육하고 있는 입장인 저로서는, 자신 있게 독자님들께 고수로 가는 지름길을 가장 잘 안내하는 최고의 길잡이로서 이 책을 소개해 드리고 싶습니다.

앞서 출판된 저자의 '장기야 놀자'가 기본적인 전술과 전략에 대해 아주 탄탄한 내용과 기본적인 원리로 풀이되었다면 이 책 '통쾌한 장기외통수 21'은 대국에서 가장 많이 쓰이는 방대한 외통의 모든 경우의 수를 공식으로 풀어낸 최초의 책이라고 단언합니다.

자신 있게 이 책을 추천함과 동시에 저자께도 감동의 박수를 보내 드리고 싶습니다.

이 책을 통해서 많은 장기애호가들이 장기를 즐기시고 기력 향상을 동시에 이루실 것을 기대합니다

2022년 프로9단 박영완 올림

필자는 독자들께서 이 책을 독파하신 후 아래 능력을 갖게 될 것이라 굳게 믿습니다.

1. 외통수에 대한 체계적 개념 정립과 예리한 감각 습득

2. 외통에 대한 전체의 흐름과 맥을 파악하는 능력 향상

3. 논리적 사고를 바탕으로 한 최종 외통 모양을 염두에 두고 모양을 만들어 가는 행마 선택과 외통 전략 수립 능력 향상 및 상대방의 외통 작전을 간파 하는 능력 넓히기

4. 원리를 찾아 선택적 수읽기 하는 실력 개발 및 깊이 숨어있는 외통수를 발견하는 수읽기 능력 향상

이 책에 있는 모든 이론 설명 예제와 연습 문제는 크게 상황 문제 부분과 그 림을 동반한 해답 부분으로 나눌 수 있다. 각각의 문제에 대한 해답과 그림을 각 장의 뒷 부분에 놓았다. 기본형을 학습하는 순서는 먼저 설명을 읽고 문제 들을 스스로 풀어본 후 각 문제에 해당하는 해답 부분과 그림을 찾아서 자신 의 해답과 비교한 후 다음을 학습하면 된다.

문제의 해답을 따로 놓은 이유는 각각의 문제도에 대하여 해답의 그림을 수 순별로 그림책처럼 따라가기가 용이하게 하여 차후에 기본형에 대한 이론적 인 훈련이 충분히 된 이후에는 일정 기간 문제만 집중적으로 보면서 수읽기 연습하기 위함이다. 특히 외통 훈련은 매일 조금씩 반복적으로 일정 기간 동 안 시작 패턴을 익히는 훈련이 필수적이기 때문이다. 또한 모든 문제를 요즘 모바일 게임에서 유행하는 룰을 따라서 왕이 서로 마주보는 빅장은 없는 것 으로 정하였다.

머리말 … 04

추천사 … 07

이 책의 학습 목표 … 09

이 책의 사용법 … 09

기보 표기법 및 각종 기호 (심볼)의 정의 … 12

1장 외통의 기초 개념과 외통 전략

가. 외통이란? … 20

나. 외통의 원리 … 20

　　호장수의 종류 … 20

　　호장수에 대한 대응법 … 26

다. 외통에 약한 궁성 형태의 우형 종류 … 29

라. 외통 전략의 그룹별 분류 … 33

　　◎ 각 외통 기본 전략 그룹 … 34

　　그룹1 … 34

　　그룹2 … 38

　　그룹3 … 40

　　그룹4 … 43

　　그룹5 … 46

|목차 | CONTENTS

2장 장기의 외통 정석

　　그룹1 : 기본형 제1형~기본형 제8형 ··· 51

　　그룹2 : 기본형 제9형~기본형 제12형 ··· 56

　　그룹3 : 기본형 제13형~기본형 제16형 ··· 59

　　그룹4 : 기본형 제17형~기본형 제19형 ··· 62

　　그룹5 : 기본형 제20형~기본형 제21형 ··· 65

3장 외통에 자주 사용되는 장기 전술 ··· 300

4장 기본형 정리 ··· 314

5장 외통 전략 정리 및 첫수 찾는 요령 ··· 320

6장 연습 문제 ··· 328

기보 표기법 및 각종 기호 (심볼)의 정의

 장기판에 기물이 놓여 있을 때 이 기물의 움직임을 기록하기 위해서는 아래와 같이 표준화된 기보 좌표 표기법이 필요하다.

1.1. 숫자 좌표 표기법

◎ 한국장기 관련 단체에서 사용하는 기보 표기법

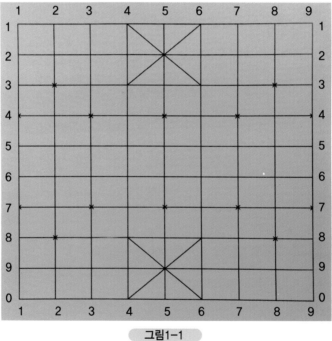

그림1-1

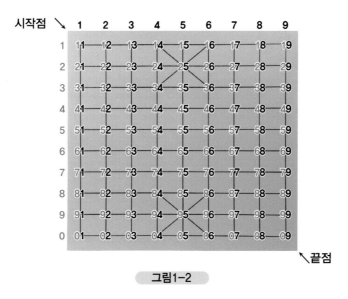

시작점 ↘ 　1　2　3　4　5　6　7　8　9

끝점

그림1-2

상기의 좌표 표기법은 현재 한국장기관련 단체 (대한장기협회와 대한장기연맹 등)에서 사용하고 있는 표기법이다. 이 표기법은 모두 숫자로 표기되어 있고 **좌표의 시작점은 왼쪽 최상단이고 끝점은 오른쪽 최하단이다.**

가로선은 각각 위에서부터 아래로 1부터 0까지 표기되어 있고, 세로줄은 각각 왼쪽에서 오른쪽으로 1부터 9까지 표기되어 있어서 가로선과 세로줄이 만나는 교차점을 읽을 때, **가로선을 먼저 읽은 후 세로줄을 나중에 읽는다.**

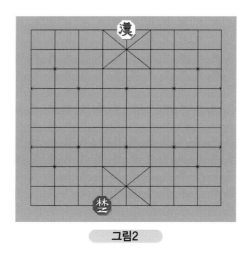

그림2

예를 들어, 한왕의 좌표 상 위치는 15이고 초왕이 현재 있는 위치는 04이다.

기보를 작성할 때 기물의 움직임을 표시하기 위하여는 기물이 이동하기 전의 좌표와 움직인 기물의 명칭, 그리고 기물이 움직인 후의 좌표를 차례로 적는다.

예를 들어, 다음 그림에서 알 수 있듯이 만약 03에 있는 차가 13으로 움직일 때에는 '03차13'으로 표기한다.

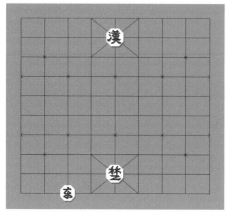

그림3-1 (이동 전 차의 위치 03)

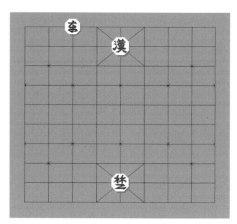

그림3-2 (이동 후 차의 위치 13)

표기법은 03차13이라고 적는다.

1.2 영자 좌표 표기법

본 책자에서는 앞에서 설명한 한국장기단체 (대한장기협회와 대한장기연맹 등)에서 사용하는 숫자 좌표 대신에 국제적으로 통용되고 있는 영자 좌표 표기법을 사용하고자 한다. 그 이유는 본 책자를 한국장기의 세계화를 위해서 향후에 영어판으로 한국장기를 널리 알리고자 하는 계획이 있어서 처음부터 세계인들에게 더 친숙한 영자 기보 표기법을 사용하고자 함이니 독자들께서는 양해 바라며 이를 잘 익혀, 본 책자에서 설명하는 기보를 이해하는데 지장이 없도록 잘 숙지하길 바란다.

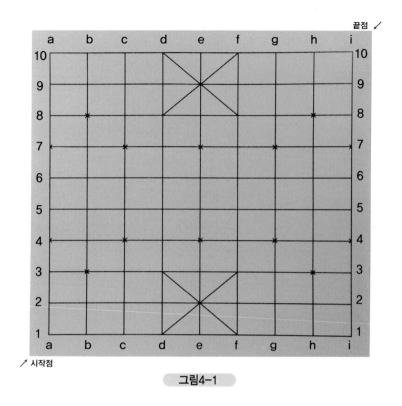

끝점

시작점

그림4-1

　가로선은 각각 아래에서부터 위로 1부터 10까지 표기되어 있고, 세로줄은 각각 왼쪽에서 오른쪽으로 a부터 i까지 표기되어 있고, 세로줄과 가로선이 만나는 교차점을 표시하기 위해 세로줄을 먼저 읽고 가로선을 읽는 방식이 한국장기 단체의 방식과 다르다. **영자 좌표 표기법의 시작점은 왼쪽 최하단이며 끝점은 오른쪽 최상단**이어서 우리가 학교 때 배운 수학/물리에서 쓰는 좌표 (x축 / y축)의 표기와 동일하다. 통일을 위해 이 책에서는 청 (초)을 아래에 놓고 홍 (한)을 위에 놓았다.

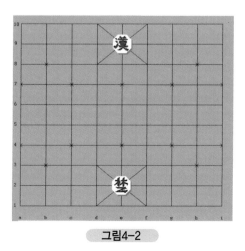

그림4-2

다음은 영자 좌표 표기법을 이용하여 다음 그림의 기물의 좌표를 표시해 보도록 하자.

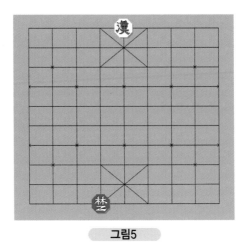

그림5

상기의 초왕과 한왕을 영자좌표로 읽을 때는 초왕은 d1에 있고 한왕은 e10에 있다고 말한다.

더 상세한 표기 연습을 위해 아래의 그림의 차의 이동 전 위치와 이동 후 위치를 기록한 기보 표기법을 살펴보도록 하자.

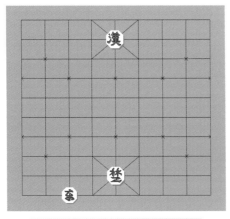

그림6-1 (이동 전 차의 위치 C1)

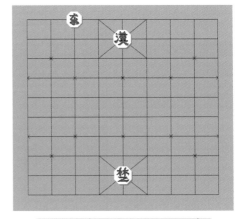

그림6-2 (이동 후 차의 위치 C10)

기보에서 표기법은 c1차c10이라 적는다.

이와 같이 대국을 진행한 내용을 상기의 표기법으로 명확히 기록을 할 수 있다.

본 책자에서는 좌표를 더 간단히 표기하기 위해 아래와 같이 기보의 좌표를 표기한다.

일단 혼돈의 여지가 없다면 이동 전의 좌표는 세로줄만 표시를 하고 최종 목적지의 좌표만 정확히 표기한다.

따라서 위의 그림의 차의 이동은 'c차 c10'이라 표기를 하고 만약 c줄에 차가 두 개가 있어서 명확히 구분해야 하는 경우에만 시작점의 좌표를 정확한 좌표를 표기한다.

예를 들어 아래 그림에서 b10차가 b9에 가서 장군을 친 경우, 시작점의 좌표를 명확히 하지 않으면, b3의 차가 이동을 했는지 b10의 차가 이동했는지를 알 수가 없어 헷갈릴 수 있으므로 ' b10차b9 장군'으로 표기를 한다.

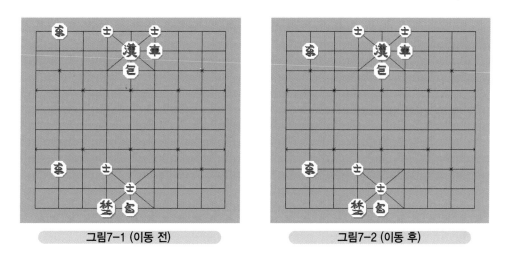

그림7-1 (이동 전)   그림7-2 (이동 후)

기보에서 표기법은 'b10차b9 장군'이라 적는다.

이런 특수한 경우를 빼고는 보통은 시작점은 세로줄만 표기한다.

이 책에서 사용한 심볼 (Symbol)의 정의

본 책자에서는 필요에 따라 상세한 설명을 대신하여 약자를 사용하였고 약자로 쓰는 기호에 대한 정의는 다음과 같다.

1. #: 외통 승

2. X: 기물 잡음

3. !: 좋은 수

4. !!: 아주 좋은 수

5. ++: 양수겸장

6. 장군인 경우는 한글로 '장군'이라 명확히 표기한다.

만약에 다음의 예제1 같이 표기가 되어 있다면

예제1: ①e졸e6:

'1번째 수에서 e줄에 있던 졸이 e6으로 이동함' 이란 뜻이다.

또한, 예제2와 같이 표기가 되어 있다면,

예제2: ③e병X e2사장군# !!:

'3번째 수에서 e줄에 있던 병이 e2로 와서 사를 잡으면서 장군을 치면서 외통으로 이김. 아주 좋은 수임' 이란 뜻이 된다.

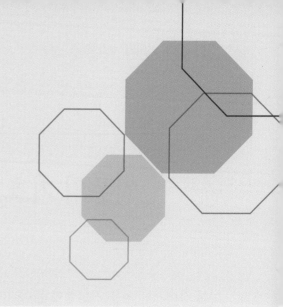

1장 외통의 기초 개념과 외통 전략

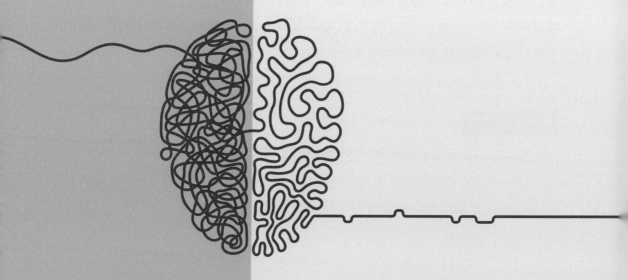

1장

외통의 기초 개념과 외통 전략

본 장에서는 외통 기본형에 들어가기 전에 독자들이 필히 알아 두어야 하는 외통에 관련된 이론적인 기초 지식을 논하고자 한다. 외통 패턴에 익숙하기 위해서는 튼튼히 이론적인 백그라운드를 다지는 것이 좋다.

가. 외통이란?

어느 한 쪽에서 장군 또는 호장을 부르는 수에 대응하여 피하지도 못하고 막을 수도 없고 장군을 부른 공격수를 없애지도 못하는 상태를 외통이라 하고 이렇게 이기는 것을 외통승이라 하고 영어로는 체크메이트 (Check mate)라 한다.

나. 외통의 원리

외통의 원리는 아주 간단하다. 적 왕을 위협하는 장군 부르는 수에 대해, 즉 **왕과 왕을 호위하는 군사가 위협을 가하는 적의 자객의 공격에 대하여, 장군을 부르는 자객을 없애거나, 자객의 칼을 칼로 막거나, 왕이 피하는 등 저항을 하다가 위기를 모면하지 못하면 왕이 죽어서 장기 게임이 끝나는 것이다.**

그러면 상세히 적의 공격의 종류와 그 대응법을 알아보자.

호장수의 종류

장기는 장군을 불러서 왕이 더 이상 도망갈 수 없게 몰아붙여서 항복을 받아내는 과정을 거치는데, 상대방의 왕을 공격하는 상태 자체를 '**장군을 부른다**' 또는 **호장(呼將)**이라 하고 호장수에도 다음과 같이 다양한 7가지의 호장 종류가 있다.

◎ 호장 후 호장하는 기물이 안 죽는 경우

이 경우는 아래와 같이 4경우가 있다

1-1. **단순 이동**하여 **호장**하는 수: 이 호장수는 호장할 수 있는 기물이 단순히 호장을
　　하는 경우를 말한다.

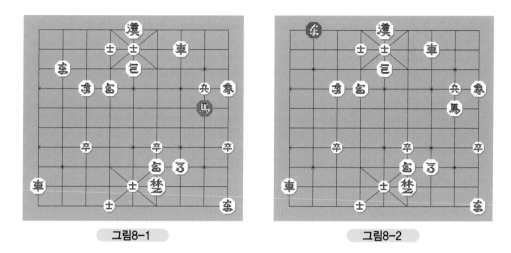

그림8-1　　　　　　　　그림8-2

위의 경우에서 b줄에 있는 초차를 이동시켜서 장군을 부르는 수를 말한다.

1-2. **제거 이동 호장수**: 이 호장수는 호장하는 기물이 상대의 기물을 제거하면서 호
　　장을 하는 경우를 말한다.

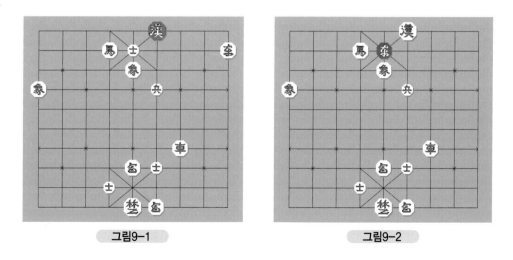

그림9-1　　　　　　　　그림9-2

위와 같이 초차가 한사를 잡으면서 장군을 부르는 경우를 말한다.

1-3. **단순 이동하여 장군을 협조하는 호장수**: 이 호장수는 호장하는 기물이 뜰장을 하여 뒤의 기물이 호장을 하도록 도와주어 호장을 하는 경우를 말한다.

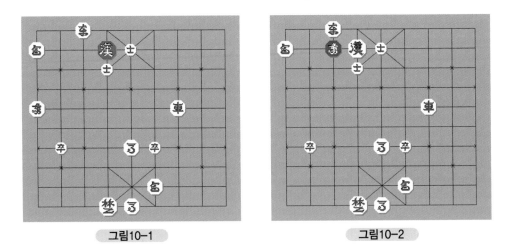

그림10-1　　　　　　　그림10-2

위의 경우는 초의 상이 포 다리가 되어 포장을 도와주는 경우이다.

1-4. **제거하면서 이동하고 장군을 협조하는 호장하는 수**: 이 호장수는 호장하는 기물이 가려져 있던 상태에서 뜰장을 하여 뒤의 기물이 호장을 하도록 도와주는데 상대 기물을 잡으면서 이동하는 경우를 말한다.

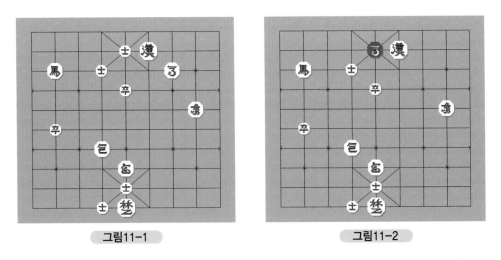

그림11-1　　　　　　　그림11-2

위의 경우는 초의 마가 사를 잡으면서 궁에 들어감과 동시에 초상의 멱을 풀어서 초상이 장군을 하도록 도와주는 경우를 말한다. 이 때 한왕은 마를 잡을 수가 없어서 피해야 한다.

◎ 호장 후 호장하는 기물이 죽는 경우 (희생)

1-5. **단순히 희생**을 하면서 **호장**하는 수: 이 호장수는 호장을 하는 기물이 단순히 죽
     으면서 희생을 하면서 호장을 하는 경우를 말한다.

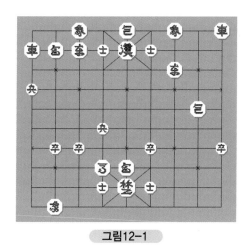

그림12-1

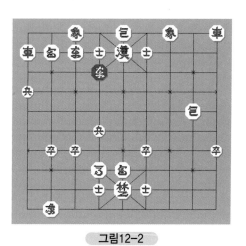

그림12-2

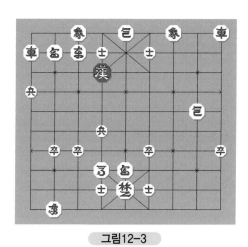

그림12-3

위의 경우는 g차가 d8에 와서 차를 일부러 죽이면서 호장을 하는 경우이고 한왕은 그
차를 잡을 수 밖에 없다.

1-6. **단순히 희생을 하면서 뜰장을 협조하는 호장수**: 이 호장수는 호장을 하는 기물
　　이 단순히 죽으면서 희생을 하면서 호장을 하는 경우를 말한다.

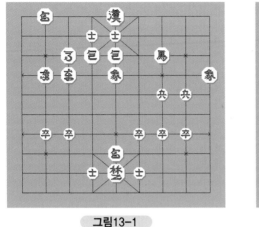

그림13-1

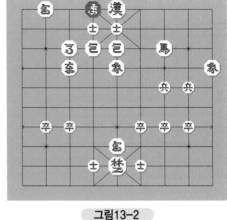

그림13-2

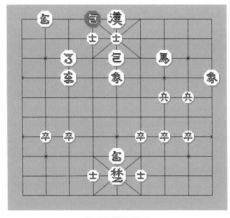

그림13-3

　　그림13-2처럼 초상이 d10자리에 자폭을 하면서 들어가 포장을 도와주는 경우이다.
이때는 그 장군을 부른 상이 죽게 된다. 이어서 초에서 준비한 후속수가 있어서 그 희
생수가 빛을 발하는 것이다. 그 이후의 수순은 마가 포를 잡으면서 죽으면 이때는 한왕
이 초의 포 때문에 마를 직접 잡을 수 밖에 없고 그 다음에 c차가 장군을 부르면서 외통
으로 마무리하게 된다. 아래의 그림을 보면 쉽게 이해할 수 있으리라 생각된다.

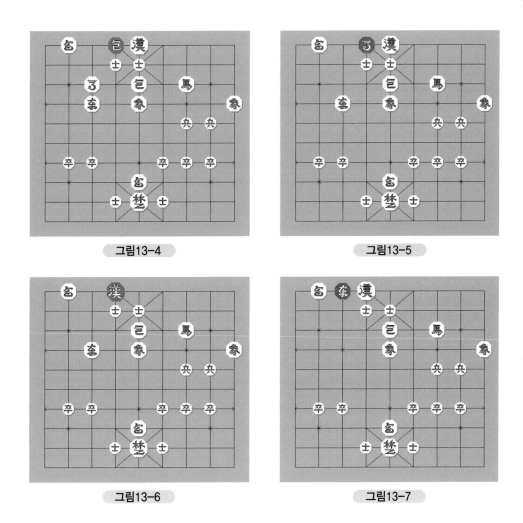

그림13-4 그림13-5

그림13-6 그림13-7

1-7. **제거**와 **희생**을 하여 **호장**하는 수:이 호장수는 호장을 하는 기물이 상대의 기물
을 제거하면서 호장을 하지만 그 기물을 희생하는 경우를 말한다.

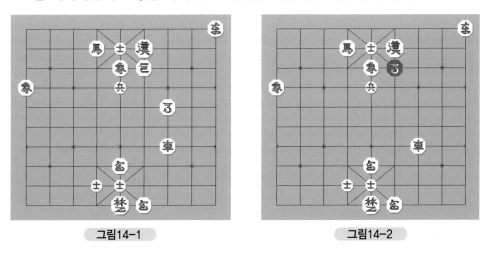

그림14-1 그림14-2

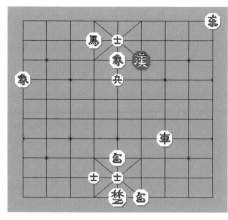

그림14-3

그림14-2처럼 g마가 f포를 잡으면서 죽는 경우이며 초포로 인해 한왕이 직접 마를 잡는다.

지금까지 장군을 부르는 7가지 경우를 알아보았다. 이 장군을 부르는 호장수는 중요하므로 반드시 각각을 완전히 숙지해 놓는 것이 좋다. 추후에 그 호장수를 응용하는 기술을 설명하겠다.

호장수에 대한 그 대응법

앞장에서 호장을 하는 7가지 호장수의 종류에 대해 알아보았다. 이번에는 각 호장에 대한 응수 법에 대해서 알아보자. 장군을 부른 상대의 호장수에 대해서 응수할 수 있는 방법은 다음과 같이 3가지 응수 법이 있다.

예를 들어 다음 상황에서 초에서 장군을 부른 경우에 대응하여 방어를 하려면 어떻게 하는 것이 좋을까?

아래와 같이 초의 a차가 와서 한왕에게 장군을 부른 경우 3가지 대응법이 있다

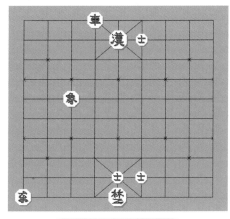

그림15-1: 시작도

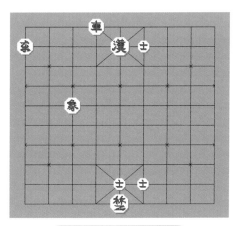

그림15-2: 결과도: 호장

2-1. 피한다 : 첫 번째는 그림16-2처럼 왕이 다른 자리로 이동하면서 피하는 경우이다.

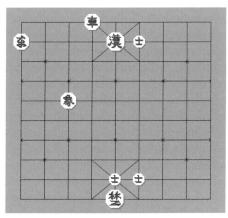

그림16-1: 시작도: 호장

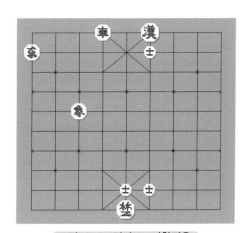

그림16-2: 결과도: 피한경우

2-2. 막는다 : 두 번째는 그림17-2처럼 왕을 위협하는 기물과 왕 사이에 수비수가 들어와서 그 길을 막는 경우이다.

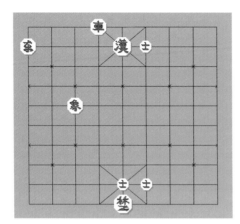
그림17-1: 시작도: 호장

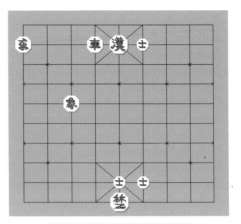
그림17-2: 결과도: 막는 경우

2-3. 제거한다 : 마지막으로 그림18-2처럼 간명하게 왕을 위협하는 기물을 수비 기물로 제거하는 경우이다.

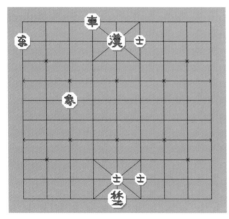
그림18-1: 시작도: 호장

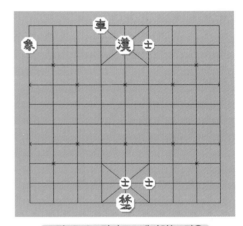
그림18-2: 결과도: 제거하는 경우

위와 같이 상대방이 왕을 위협할 때 방어법 중 상황에 따라 가장 좋은 방법을 찾아 적절히 대응을 해야 하는 것이 수비의 기본이다.

지금까지 장군을 부르는 7가지 경우와 그 3가지 수비법에 대해 알아보았다. 이 장군을 부르는 호장수와 방어법에 대해서는 추후에 다음 장의 기본형 실전 설명에서 다양하게 상황에 따라 적절히 그 호장수를 응용하는 기술과 그 방어에 대한 적절한 외통수법을 설명하겠다.

다. 외통에 약한 궁성 형태의 우형 종류

다음은 외통에 약한 한의 궁성 형태의 가장 나쁜 모양들을 나열한 것이다.

1. 외사

그림19-1~19-2처럼 궁에 사가 하나만 있는 경우를 외사라 한다

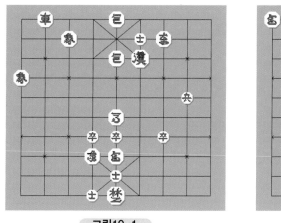

그림19-1

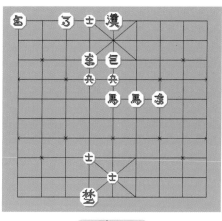

그림19-2

2. 민궁

그림20-1~20-2처럼 궁성에 사가 하나도 없는 상태를 민궁이라 한다.

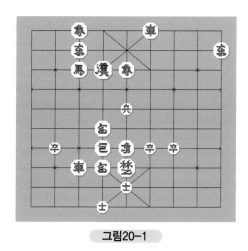

그림20-1

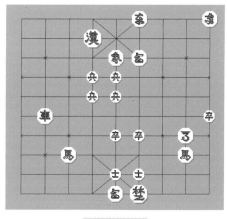

그림20-2

3. 사면초가 안궁 형태

그림21-1~21-2처럼 왕을 궁성의 맨 아래인 10선으로 옮긴 궁 방어 형태를 말한다. 단점은 왕이 꼼짝도 못 하도록 도피처가 없는 안궁 형태를 말한다.

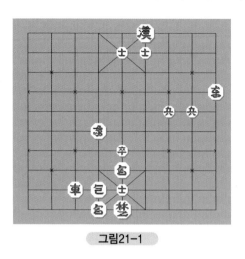

그림21-1

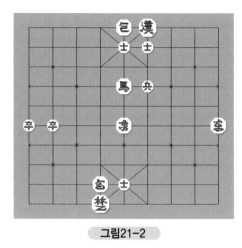

그림21-2

4. 측궁

그림22-1~22-2처럼 안궁 형태가 궁의 중앙줄이 아닌 사줄에 있는 형태를 말하며 보통은 9선의 중으로 옮긴 궁 방어 형태를 말한다. 이렇게 되면 피할 데가 2군데 밖에 없어서 상당히 불안하게 된다.

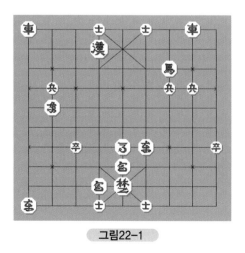

그림22-1

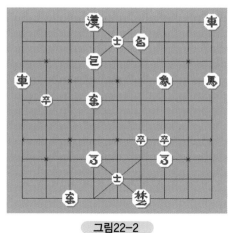

그림22-2

5. 천궁

그림23-1~23-2처럼 궁성의 맨 윗자리인 우상귀, 좌상귀, 면으로 왕이 움직인 형
태를 말하며, 상대방의 공격에 쉽게 노출되므로 왕이 안전상 아주 불안하다.

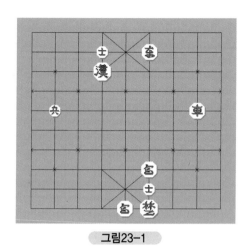
그림23-1

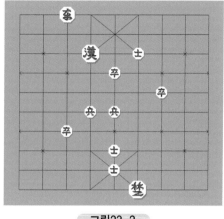
그림23-2

6. 궁중마

그림24처럼 궁성의 가장 가운데 자리에 마를 배치한 형태를 말하며 우형 중 아주
좋지 않은 형태이다.

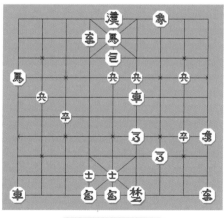
그림24 궁중마

7. 궁중포

그림25처럼 궁성의 가장 가운데 자리에 포를 배치한 형태를 말하며 우형 중 아주 좋지 않은 형태이다.

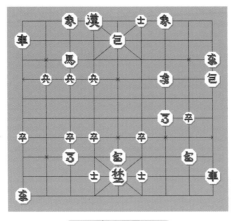

그림25 궁중포

8. 궁중상

그림26처럼 궁성의 가장 가운데 자리에 상을 배치한 형태를 말하며 우형 중 아주 좋지 않은 형태이다.

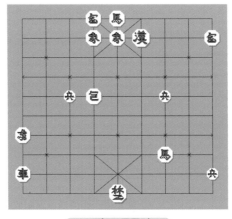

그림26 궁중상

라. 외통 전략의 그룹별 분류

많은 사람들이 외통으로 이기기를 원하지만 정작 유리한 상황에서 무엇을 둘까 생각하다가 적 왕을 위협할 호장수가 있으면 그저 충동적으로 단순히 1수 만 생각하고 장군을 부르는 경우도 많다. 이처럼 전략이 없는 감각적이고 충동적인 호장수는 운이 좋으면 외통으로 이길 확률과 상대가 방어할 수를 찾아 교묘히 방어를 하면서 위기를 모면하는 50:50의 확률로 기회가 무산될 수가 있다. 고수와 하수는 외통 전략을 짜는 능력에서 크게 차이가 나고 이 능력을 키우지 않으면 모처럼 잡은 기회를 놓치고 고수의 노련함에 무릎을 꿇는 경우가 많다. 장기를 장기답게 두기 위해서는 기회가 왔을 때 올바른 작전수립이 앞서야 하고 외통 작전을 짤 때는 최종 외통 모양을 잘 상정해야 한다

외통 전략은 외통 목표를 정확히 정하고 넓은 시야를 가지고 방향 설정을 하는 것 등을 포함하고, 아주 깊이 숨어있는 외통수인 경우는 당장은 수가 없는 것 같아 보여서 상당히 경험이 풍부한 고수가 아니면 잘 보이지 않는 고급 작전법이다. 즉, 외통 전략은 구체적인 외통 모양을 정하고 방향 제시를 하는 것이며, 또한 이를 돕는 또 다른 중요 기술이 호장수와 전술인데, 전술은 이런 전략을 바탕으로 정확한 계산에 의한 구체적인 이기는 외통수를 찾는 기술이라고 말할 수 있다.

외통 전략의 분류표

모든 외통국에서 나오는 외통 전략 유형들을 정리하면 크게 아래의 **5가지 그룹**으로 나눌 수 있다. 장기를 두다가 자기에게 유리한 상황이 발생하면 외통으로 이길 수 있는지 여부를 검토하기 위해 이 분류표에서 정리한 전략 관점에서, 어떤 최종 외통 형태를 얻을 수 있는지에 중점을 두어 수읽기를 해 보면, 외통 실력 향상에 크게 도움이 될 것이라 확신한다. 어렴풋이 작전을 짜는 것이 아니고 구체적으로 수읽기를 하는 것인데, 예를 들어 비유를 하자면, 머리를 식히기 위해 여행을 가려고 할 때 막연히 '여행을 가자!'가 아니라 구체적으로 여행 목적지를 국내 바닷가로 갈지, 국내 육지로 갈지, 아니

면 해외로 갈지를 정하고 그 교통수단을 항공으로 갈지, 육로로 갈지, 아니면 배로 갈지를 정하는 것과 비슷하게 좀 더 구체적으로 계획을 세우는 것이다. 상황을 고려하여 외통 시나리오를 생각해 보아 현실적으로, 논리적으로 맞는 외통 형태가 보이면 그것을 치밀하게 실행하면 성공 확률이 높아지는 것이다.

전략1	그룹1: 힘의 균형 무너뜨리기 전략 (힘이 모이는 곳 찾기 전략): 공격자 수 〉수비자 수
전략2	그룹2: 사면초가 공략 전략
전략3	그룹3: 적 왕 도피처 봉쇄 전략
전략4	그룹4: 포의 특수기능 활용 전략
전략5	그룹5: 전술 활용 전략 (묶기와 양수겸장)

외통 전략들을 정리하면 위와 같이 나눌 수 있다. 여기서 각 전략 별로 어떤 아이디어와 공격 수법으로 외통 공격을 하여 승리하는지 알아보자.

각 외통 기본 전략 그룹

1) 그룹1: 힘의 균형 무너뜨리기 전략: 힘이 모이는 곳 찾기 전략

☞ 궁성을 방어하는 수비수의 수보다 더 많은 공격수를 한 지점에 집중시키는 전략이다. 즉, 한 지점을 기준으로 왕과 왕을 지키는 기물보다 장군을 부르는 기물이 하나라도 더 많으면 외통으로 이길 수 있는 경우이다. 아래의 예를 살펴보자.

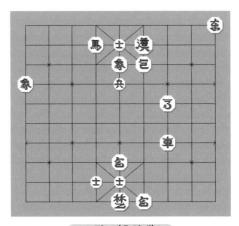

그림 1 (초차례)

그림1의 상황을 형세판단해 보면 한의 궁이 외사이고 초차가 우변에서 한궁을 노리고 있다. 만약 e3포의 포다리가 현재 두 개에서 하나만 된다면 e9자리에 힘을 모아 외통 찬스가 날 수 있다. 여기서 초에서 쓸 수 있는 전략을 아래 수순에서 알아보자.

g 한차로부터 위협받고 있는 g6 초마가 한왕의 앞을 엷게 만든다면 f1포를 이용하여 e7병을 중앙 e줄에서 이탈시킬 수 있을 것 같다. 이런 시나리오를 바탕으로 하면 이기는 수순을 발견할 수 있다. 그 수순은 다음과 같다.

①g마Xf8포장군 ②f장Xf8마 ③e2사f3장군 ④e병f7 ⑤i차i8장군 ⑥f장f9 ⑦i차i9장군 ⑧f장f10 ⑨i차Xe9사장군#

①g마Xf8포장군 　②f장Xf8마　　　　③e2사f3장군 　④e병f7

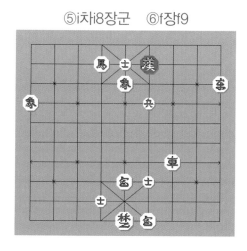

⑤i차i8장군 　⑥f장f9　　　　⑦i차i9장군 　⑧f장f10

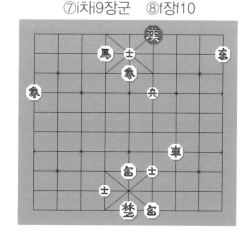

⑨i차Xe9사장군#

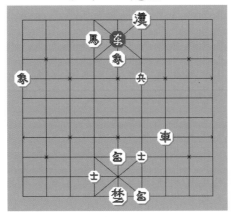

위의 상황은 i차와 e3포가 e9자리에 힘을 합하여 공격수 대 수비수가 2 대 1인 상황을 만들어 승리하는 전략을 보여 주었다.

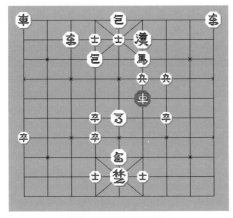

그림2 (초차례)

위의 그림2의 상황을 형세판단해 보면 e9의 사를 노릴 수 있는 초의 기물이 셋이고(c9차, i10차, e3포) 이를 막는 방어수는 둘 (d9사, f9한왕)이므로 서로 힘 싸움에서 한이 밀린다. 여기서 초에서 쓸 수 있는 힘으로 밀어붙이는 전략을 아래 수순에서 알아보자.

①i차i9장군 ②f장f10 ③i차Xe9사 ④d사Xe9차 ⑤c차Xe9사장군#

①i차i9장군   ②f장f10   ③i차Xe9사   ④d사Xe9차

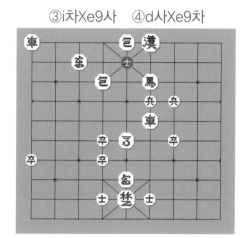

⑤c차Xe9사장군#

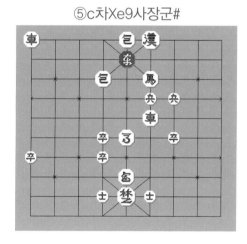

이처럼 그룹1에서는 공격자의 힘을 방어자의 힘보다 더 많이 투입하면 외통으로 이길 수 있다.

2) 그룹2: 사면초가 공략 전략

☞ 이 전략은 방어의 3요소 (잡는다/막는다/피한다) 중 상대 왕이 피할 수 없게 된 특수 상황에서 상대를 공략하여 외통으로 이기는 전략을 말한다. 아래의 간단한 예를 보면서 초의 외통수법을 살펴보자

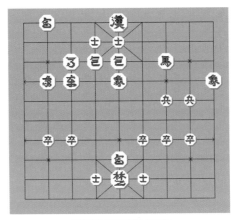

그림3: 초차례

상황을 살펴보면 좌측에서 초의 기물들이 몰려있어서 한왕을 초의 세력권으로 넣을 수 있는 상황이다. 우선 아무 이득 없이 초상을 가장 약한 부위인 d10자리에 넣으면서 희생을 하여 한의 d8포로 잡게 한 후 나머지 초마와 초차로 한왕을 사면초가 위치로 몰면 외통 수순이 나온다. 그 수순은 다음과 같다.

①b상d10장군! ②d포Xd10상 ③c마Xd10포장군 ④e장Xd10마 ⑤c차c10장군#

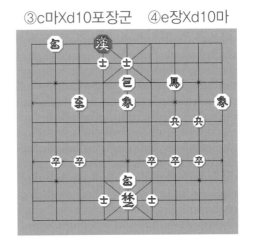

①b상d10장군! ②d포Xd10상   ③c마Xd10포장군 ④e장Xd10마

⑤c차c10장군#

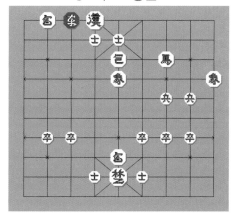

이처럼 10선에서 한왕을 사지에 몰아 이기는 전략이 그룹2이다.

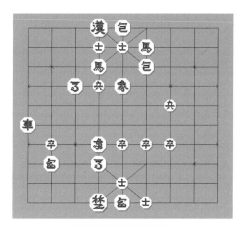

그림4: 초차례

이 상황에서 초에서 쓸 수 있는 전략은 무엇일까? 일단 한의 수비의 핵이 d8마와 f8 포인데 이들을 수비 지역에서 이탈시킨 후 d4의 귀윗상으로 한왕을 잡을 계략은 다음 수순으로 가능하다.

①c마b9장군! ②d마Xb9마 ③d상b7장군#

①c마b9장군! ②d마Xb9마

③d상b7장군#

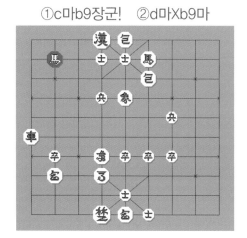 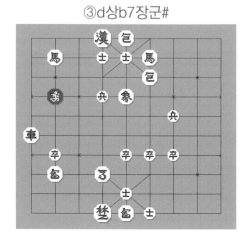

사면초가에 몰려 전혀 피하지도 못하고 막을 기물이 없도록 상대를 몰아치는 전략이 위에서 설명한 그룹2의 전략이다.

3) 그룹3: 적 왕 도피처 봉쇄 전략: 적 왕이 피할 곳을 모두 봉쇄하는 전략

☞ 상대 왕이 피할 곳을 미리 공격자의 기물로 도피처를 봉쇄하는 전략이다. 그 곳이 통제되면 상대 왕이 갈 곳이 없어지고 아군이 외통으로 승리하기가 쉽 다. 아래의 예를 살펴보자.

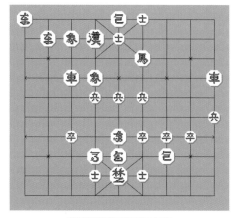

그림5: 초차례

그림의 상황을 형세판단해 보면 한왕이 d줄에 측궁이 되어있고 초의 양차와 중앙 e4 상까지 합류하면 한이 곤란해질 상황이다. 이 상황에서 가장 강력한 기물은 e4상으로 서 b6자리에 가서 장군을 부르면서 다음 수순으로 한왕을 잡을 수 있다.

①e상b6장군 ②c차c8 ③b차Xc9상장군 ④d장d8 ⑤c차Xc8차장군 ⑥d장d9 ⑦c차Xf8마장군#

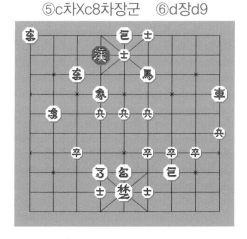

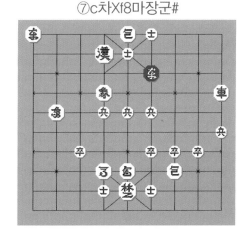

위와 같이 한왕이 갈 수 있는 자리를 다 봉쇄하여 이기는 전략이 그룹3에 해당한다. 또 다른 예를 하나 더 보자.

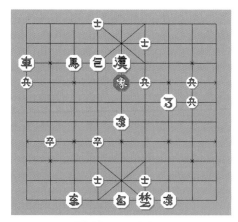

그림6: 초차례

본 상황을 분석해 보면 한왕이 피할 수 있는 자리는 e9자리인데 초에서 e1포로 위협하면서 도망갈 기회를 주지 않는다. 외통으로 이기는 정교한 수순은 다음과 같다.

①e상Xc8마장군 ②e상g4 ③g상e4장군 ④g상e7 ⑤e상g7장군 ⑥e상c4 ⑦g마e7장군 ⑧e장f8 ⑨g상i10장군#

이처럼 이 그룹3의 주요 전략이 한왕을 부동의 상태로 만들어 외통으로 이기는 전략이다.

①e상Xc8마장군 ②e상g4　　　　　③g상e4장군 ④g상e7

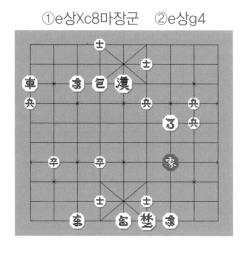

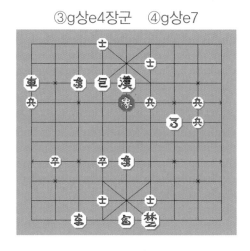

⑤e상g7장군 ⑥e상c4

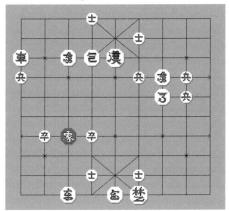

⑦g마e7장군 ⑧e장f8

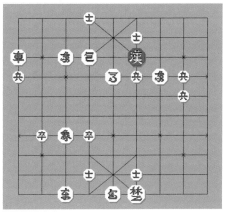

⑨g상i10장군#

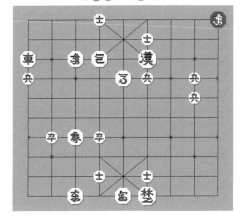

4) 그룹4: 포의 특수기능 활용 전략:

☞ 한국장기의 특징 중 하나인 포의 행마는 다른 나라 장기와 크게 구별되는 특수하고, 묘하고, 매력적인 외통 형태를 만들 수 있다. 아래의 예를 살펴보자.

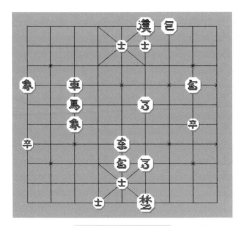

그림7: 초차례

  그림의 상황을 형세판단해 보면 본 상황은 첫수로 f6마가 g8로 마장군을 부르면서 e9 자리를 겨냥하여 차가 e9자리에 입궁을 하도록 서포트하는 전략이다.

  방어의 3요소중 공격 기물을 잡을 수 있는 수비수가 있어도 포의 특수 기능으로 인하여 외통으로 질 수밖에 없는 상황이 발생한 것이다.

①f마g8장군 ②f장e10 ③e차Xe9사장군#

①f마g8장군   ②f장e10

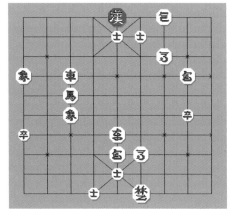

③e차Xe9사장군#

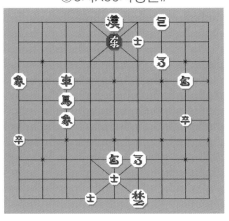

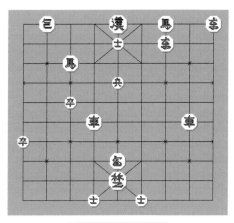

그림8: 초차례

　그림의 상황을 형세판단해 보면 중앙의 면 줄을 초의 포가 장악을 하여 e9사를 묶고 있는 상황이다. 이처럼 이 그룹4에서는 포가 중추적인 역할을 한다.

　그 이기는 수순은 다음과 같다.

①g차Xg10마장군 ②b포f10 ③g차Xf10포장군#

①g차Xg10마장군　②b포f10 　　　　③g차Xf10포장군#

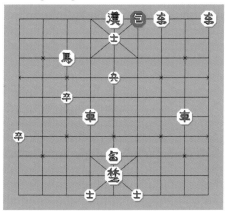
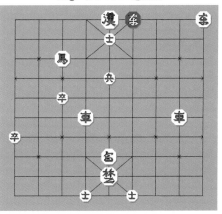

5) 그룹5-1: 전술 활용 전략: 묶기 이용

　묶기와 양수겸장을 이용한 전술적 상황으로 이기는 전략이 이 그룹에 속한다. 그 중 첫 번째는 묶기를 이용하는 것인데 장기에서는 아무리 능력이 있는 기물이라도 묶이면 그 기능을 발휘를 못하게 된다. 이 전략은 전술적으로 묶기 전술을 이용한 것이다. 아래의 예를 살펴보자.

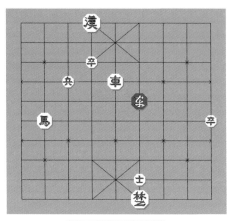

그림9: 초차례

　그림의 상황을 형세판단해 보면 한의 궁에 초의 졸이 진입한 상태에서 한의 차만 유일한 방어 기물이다. 초차와 초졸을 이용한 작전은 다음과 같다.

　우선 f줄의 차가 장군을 불러서 e7 한차를 묶어두고 초졸이 그 약점을 다음 수순으로 공략하면 된다.

　①f차f10장군 ②e차e10 ③d졸e9장군#!! 이처럼 묶이면 아무리 차라도 힘을 쓸 수가 없다.

①f차f10장군　②e차e10　　　　　　　③d졸e9장군# !!

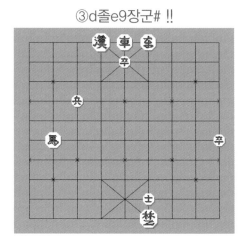

6) 그룹5-2: 전술 활용 전략: 양수겸장 이용

장기는 아무리 수비하는 기물이 많이 있어도 동시에 두 개의 기물이 장군을 부르면 공격하는 기물 둘을 한 번에 모두 잡을 수 없기 때문에 왕이 도망을 가야 하는데 왕이 도망을 갈 수 없는 상황도 발생할 수 있다. 이때 쓸 수 있는 전략이 이 그룹에 해당한다. 이해를 돕기 위해 아래의 예를 살펴보자.

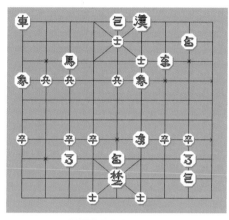

그림10: 초차례

그림10의 상황을 형세판단해 보면 현 상황에서 한의 입장에서 가장 무서운 초의 기물이 f4상이다. 일단 첫수로 귀윗상이 장군을 부르면서 공격을 개시하고 그 후 수순은 다음과 같다.

①f상h7장군 ②f장f9 ③g차g9장군 ④f장f10 ⑤g차Xe9사장군++#

①f상h7장군   ②f장f9   ③g차g9장군   ④f장f10

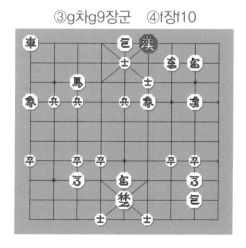

⑤g차Xe9사장군++#

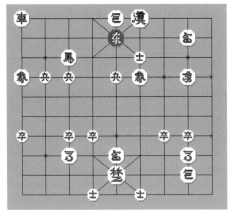

이번 장에서는 크게 5가지 외통 전략 그룹에 대해서 살펴보았고
다음 장에서는 그 각각의 전략 그룹의 세부적인 외통 기본형들을 알아보겠다.

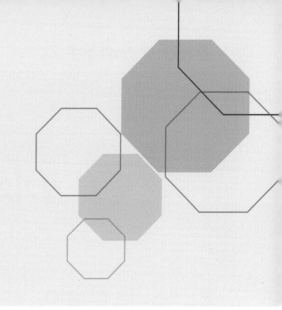

2장 장기의 외통 정석

─ **2장** ─
장기의 외통 정석

장기 외통 기본 전략 분류

앞 장에서 장기 외통 기본 전략에 대해서 알아보았다. 앞에서도 언급했듯이 외통 작전을 수립할 때는 전략적 구상과 세밀한 계산을 바탕으로 한 전술적 요소를 적절히 조합하여 상황에서 요구하는 작전을 수립하는 것이 중요하다.

이번 장에서는 더 세부적인 기본형에 대해서 알아보기로 한다.

외통 기본 전략 그룹별 기본형 분류 : KM 분류법

모든 외통으로 끝나는 실전국에서 나오는 외통 전략 유형들을 정리하면 아래의 5가지 그룹으로 나눌 수 있고 이를 더 세분하면 아래와 같이 총 21개의 기본형으로 나눌 수 있는데 편의상 이를 'KM 분류법'이라 칭하며, 이는 필자가 개발한 독자적인 분류법임을 밝히고자 한다. 필자가 이제까지 살펴본 바로는 아직까지는 수 만국 중에서 이 분류법을 벗어나는 경우는 단 1국도 볼 수가 없었다. 심지어는 시중에 나오는 모든 박보 문제도 이 분류 범위를 벗어나지 않았다.

전략1	그룹1: 힘의 균형 무너뜨리기 전략 (힘이 모이는 곳 찾기 전략): 공격자 수 〉 수비자 수: 기본형 제1형~기본형 제8형
전략2	그룹2: 사면초가 공략 전략: 기본형 제9형~기본형 제12형
전략3	그룹3: 적 왕 도피처 봉쇄 전략: 기본형 제13형~기본형 제16형
전략4	그룹4: 포의 특수 기능 활용 전략: 기본형 제17형~기본형 제19형
전략5	그룹5: 전술 활용 전략 (묶기와 양수겸장): 기본형 제20형~기본형 제21형

가) 그룹1: 기본형 제1형~기본형 제8형

그룹1의 세부 기본형 종류

앞에서 설명한 바와 같이 이 그룹1 전략은 궁성에서 아군의 힘이 모이는 곳을 찾아 그 곳을 방어하는 수비수의 수보다 더 많은 공격수를 한 지점에 집중시키는 전략이다. 즉, 한 지점을 기준으로 왕과 왕을 지키는 기물보다 장군을 부르는 기물이 하나라도 더 많으면 외통으로 이길 수 있는 경우이다.

그룹1의 세부 기본형 종류를 요약하면 다음과 같다.

외통 기본형 제1형~제8형	
외통 전략 분류	**그룹1: 힘의 균형 무너뜨리기 전략 (힘이 모이는 곳 찾기 전략): 공격자 수 〉 수비자 수: 기본형 제1형~기본형 제8형**
외통 전략 개요	힘이 모이는 곳을 찾아서 그 외통 목표 지점에 공격자의 수를 수비자의 수보다 더 많이 집중하여 이기는 전략
주 외통 공격 기물	주 외통 공격 기물이 주로 차이고, 졸인 경우는 기본형이 달라진다.
어시스트 기물	어시스트 기물에 따라 기본형이 변한다.
외통 지점	외통 지점에 따라 기본형이 달라진다.

1. 기본형 제1형

- 외통 목표 지점에 공격자의 수를 수비자의 수보다 더 많이 집중하여 이기는 전략
- 주 외통 공격 기물이 차이고 어시스트 기물이 포인 경우
- 외통 지점이 궁의 중앙
- 대표적인 기본형 모양은 다음과 같다.

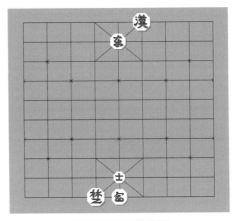

그림1 기본형 제1형

2. 기본형 제2형

- 외통 목표 지점에 공격자의 수를 수비자의 수보다 더 많이 집중하여 이기는 전략
- 주 외통 공격 기물이 차이고 어시스트 기물이 포인 경우
- 외통 지점이 궁의 4군데 귀 (좌하귀, 우하귀, 좌상귀, 우상귀)
- 대표적인 기본형 모양은 다음과 같다.

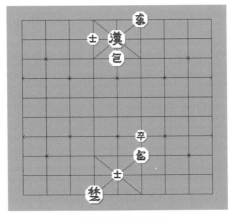

그림2 기본형 제2형

3. 기본형 제3형

- 외통 목표 지점에 공격자의 수를 수비자의 수보다 더 많이 집중하여 이기는 전략
- 주 외통 공격 기물이 차이고 어시스트 기물이 포인 경우
- 외통 지점이 궁의 4군데 면 & 중 (면, 우중, 좌중, 궁하중)
- 대표적인 기본형 모양은 다음과 같다.

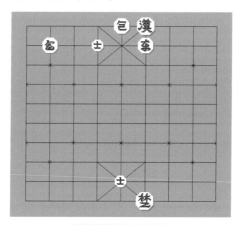

그림3 기본형 제3형

4. 기본형 제4형

- 외통 목표 지점에 공격자의 수를 수비자의 수보다 더 많이 집중하여 이기는 전략
- 주 외통 공격 기물이 차이고 어시스트 기물은 차와 졸/병인 경우
- 외통 지점이 궁의 9군데 모든 곳
- 대표적인 기본형 모양은 다음과 같다.

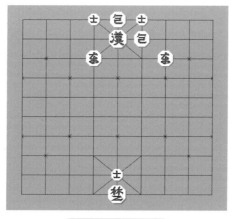

그림4 기본형 제4형

5. 기본형 제5형

- 외통 목표 지점에 공격자의 수를 수비자의 수보다 더 많이 집중하여 졸로 이기는 전략
- 주 외통 공격 기물이 졸이고 어시스트 기물도 차, 포, 마, 상, 졸 등 모든 기물
- 외통 지점이 궁의 9군데 모든 곳
- 대표적인 기본형 모양은 다음과 같다.

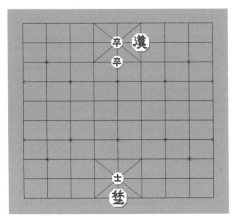

그림5 기본형 제5형

6. 기본형 제6형

- 외통 목표 지점에 공격자의 수를 수비자의 수보다 더 많이 집중하여 이기는 전략
- 주 외통 공격 기물이 차이고 어시스트 기물이 마, 상인 경우
- 외통 지점이 궁의 중앙
- 대표적인 기본형 모양은 다음과 같다.

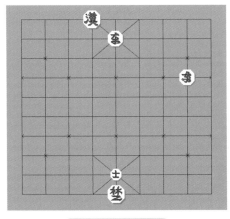

그림6 기본형 제6형

7. 기본형 제7형

- 외통 목표 지점에 공격자의 수를 수비자의 수보다 더 많이 집중하여 이기는 전략
- 주 외통 공격 기물이 차이고 어시스트 기물이 마, 상인 경우
- 외통 지점이 궁의 4군데 귀 (좌하귀, 우하귀, 좌상귀, 우상귀)
- 대표적인 기본형 모양은 다음과 같다.

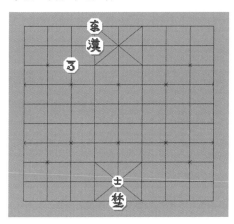

그림7 기본형 제7형

8. 기본형 제8형

- 외통 목표 지점에 공격자의 수를 수비자의 수보다 더 많이 집중하여 이기는 전략
- 주 외통 공격 기물이 차이고 어시스트 기물이 마, 상인 경우
- 외통 지점이 궁의 4군데 면 & 중 (면, 우중, 좌중, 궁하중)
- 대표적인 기본형 모양은 다음과 같다.

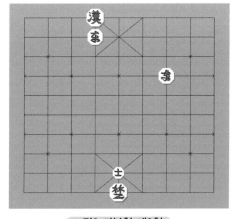

그림8 기본형 제8형

나) 그룹2: 기본형 제9형~기본형 제12형

그룹2의 세부 기본형 종류

앞에서 설명한 바와 같이 이 전략 그룹2는 방어의 3요소 (잡는다/막는다/피한다) 중 '피한다'의 요소가 배제된 특수 상황에서 상대를 공략하여 외통으로 이기는 전략을 말한다.

그룹2의 세부 기본형 종류를 크게 세분하면 다음과 같다.

외통 기본형 제9형~제12형	
외통 전략 분류	그룹2: 사면초가 공략 전략: 기본형 제9형~기본형 제12형
외통 전략 개요	적 왕이 자신의 기물에 막혀서 피할 수 없는 외통 상황을 만들어 이기는 형태
주 외통 공격 기물	차, 졸, 포 등 한 라인을 공격하는 기물 또는 상, 마 등 포인트 공격수가 다 해당되지만 어떤 공격수로 공격하는가에 따라 기본형이 변한다.
어시스트 기물	왕의 피신처를 겨냥하는 모든 기물
외통 지점	궁의 3개의 선 (8선~10선)이고 외통 위치에 따라 기본형이 변한다.

1. 기본형 제9형

- 외통 목표 지점이 상대 궁성의 세 선으로, 적 왕이 자신의 기물에 막혀서 피할 수 없는 외통 상황을 만들어 이기는 전략
- 주 공격 기물은 왕의 피신처를 겨냥하는 모든 기물
- 외통 지점은 궁의 3개의 선 (8선~10선) **모든 궁성 밖 지점**.
- 대표적인 기본형 모양은 다음과 같다.

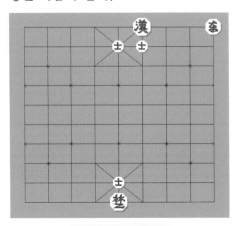

그림9 기본형 제9형

2. 기본형 제10형

- 외통 목표 지점이 상대 궁성의 세 선으로, 적 왕이 자신의 기물에 막혀서 피할 수 없는 외통 상황을 만들어 이기는 전략으로 왕이 불안한 위치에 있다.
- 주 공격 기물은 왕의 피신처를 겨냥하는 모든 기물
- 궁의 3개의 선 (8선~10선) 모든 **궁성 안 지점**
- 대표적인 기본형 모양은 다음과 같다.

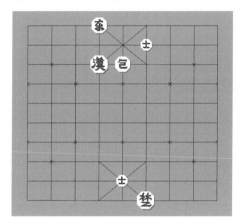

그림10 기본형 제10형

3. 기본형 제11형

- 외통 목표 지점이 상대 궁성의 세 선으로, 적 왕이 자신의 기물에 막혀서 피할 수 없는 외통 상황을 만들어 이기는 전략
- 주 공격 기물은 마, 상
- 호장을 부를 수 있는 **모든 궁성 밖 지점**
- 대표적인 기본형 모양은 다음과 같다.

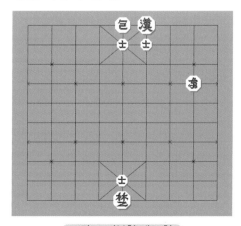

그림11 기본형 제11형

4. 기본형 제12형

- 궁 중앙에 궁중마, 궁중포, 궁중상등이 있는 우형에서 적 왕이 자신의 기물에 막혀서 피할 수 없는 외통 상황을 만들어 이기는 전략
- 주 공격 기물은 주로 차와 모든 다른 기물
- 궁의 3개의 선 (8선~10선) 궁성 안과 밖
- 대표적인 기본형 모양은 다음과 같다.

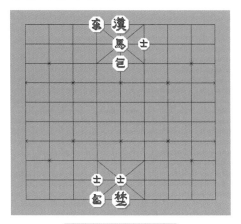

그림12 기본형 제12형

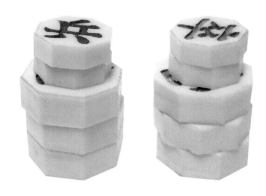

다) 그룹3: 기본형 제13형~기본형 제16형

그룹3의 세부 기본형 종류

이 그룹3은 상대왕이 피할 곳을 미리 공격자의 기물로 도피처를 봉쇄하는 전략에 해당된다.

그룹3의 세부 기본형 종류를 크게 세분하면 다음과 같다.

외통 기본형 제13형~제16형	
외통 전략 분류	**그룹3: 적 왕 도피처 봉쇄 전략: 기본형 제13형~기본형 제16형**
외통 전략 개요	적 왕이 피할 곳을 전부 차단하여 이기는 전략
외통 공격 기물	주로 차와 모든 다른 기물
어시스트 기물	모든 공격 기물
외통 지점	모든 지점

1. 기본형 제13형

- 적 왕이 피할 곳을 전부 차단하여 이기는 전략 (왕 부동)
- 주 공격 기물은 주로 차와 모든 다른 기물
- 어시스트 기물은 모든 공격 기물
- 대표적인 기본형 모양은 다음과 같다.

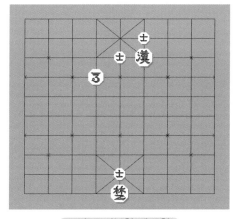

그림13 기본형 제13형

2. 기본형 제14형

- 적 왕이 피할 곳을 전부 차단하여 이기는 전략. 특히 두 라인을 (줄과 선) 공격 기물로 장악하는 전략 (두 줄, 두 선 장악)
- 적 왕이 주로 측궁 우형인 경우에 발생함.
- 주 공격 기물은 주로 차와 모든 라인 공격수 (포, 졸)
- 어시스트 기물은 모든 라인 공격수 (포, 졸)
- 대표적인 기본형 모양은 다음과 같다

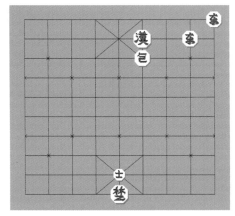

그림14 기본형 제14형

3. 기본형 제15형

- 적 왕이 피할 곳을 전부 차단하여 이기는 전략. 특히 두 점을 공격 기물로 장악하는 전략 (두 점 장악)
- 적 왕이 주로 측궁 우형인 경우에 발생함.
- 주 공격 기물은 주로 차와 모든 라인 공격수 (포, 졸)
- 어시스트 기물은 모든 공격 기물
- 대표적인 기본형 모양은 다음과 같다

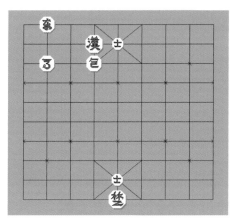

그림15 기본형 제15형

4. 기본형 제16형

- 적 왕이 피할 곳을 전부 차단하여 이기는 전략. 특히 궁 중앙을 공격 기물로 장악하는 전략 (중앙 장악)
- 주 공격 기물은 주로 차와 모든 라인 공격수 (포, 졸)
- 어시스트 기물은 모든 공격수 (마, 상, 포, 차, 졸)
- 대표적인 기본형 모양은 다음과 같다

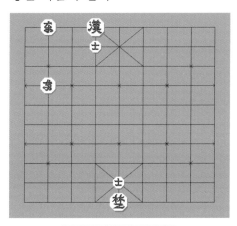

그림16 기본형 제16형

라) 그룹4: 기본형 제17형~기본형 제19형

그룹4의 세부 기본형 종류

앞에서도 언급했듯이 포의 행마는 묘하고, 매력적인 외통 형태를 만들 수 있는데 이 그룹은 포를 활용한 전략이다.

그룹4의 세부 기본형 종류를 크게 세분하면 다음과 같다.

외통 기본형 제17형~제19형	
외통 전략 그룹	**그룹4: 포의 특수기능 활용 전략: 기본형 제17형~기본형 제19형**
외통 전략 개요	포를 활용하여 이기는 전략
주 외통 공격 기물	포
어시스트 기물	마/상/차/졸
외통 지점	궁성을 향하는 모든 지점

1. 기본형 제17형

- 기습적인 포에 의한 모든 외통 형태 (기습포장형)
- 주 공격 기물은 포
- 어시스트 기물은 마, 상, 졸, 차
- 대표적인 기본형 모양은 다음과 같다

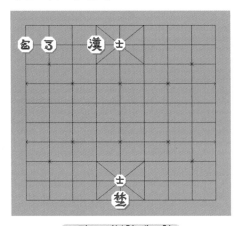

그림17 기본형 제17형

2. 기본형 제18형

- 공격자의 포와 적 왕 사이의 빈 구멍에 차나 졸, 마, 상등 공격 기물을 구멍에 채워 넣어 포다리가 되게 하여 포장으로 이기는 외통 형태
- 주 공격 기물은 주로 차와 졸이고 나머지 모든 기물도 가능
- 어시스트 기물은 왕과 마주 보거나 대각선에 위치한 포와 빈 구멍을 지원 사격하는 공격 기물이 있어야 함.
- 외통 지점은 적 왕을 마주보는 모든 부분
- 대표적인 기본형 모양은 다음과 같다

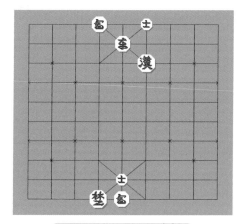

그림18-1 기본형 제18(A)형

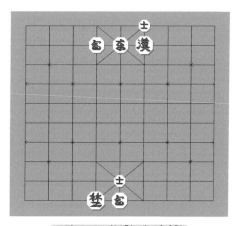

그림18-2 기본형 제18(B)형

3. 기본형 제19형

- 적 왕을 포로 묶은 상태에서 모든 호장을 하여 이기는 외통 형태로 주로 4가지 세분된 형태가 있다.
- 주 공격 기물은 차/졸/마
- 어시스트 기물은 포와 기타 기물
- 외통 지점은 모든 부분
- 대표적인 기본형 모양은 다음과 같다

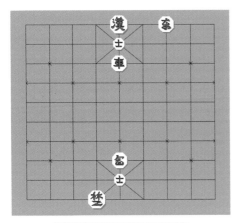

그림19-1 기본형 제19(A)형

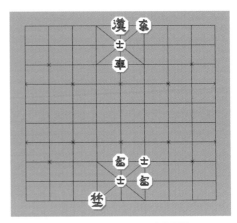

그림19-2 기본형 제19(B)형

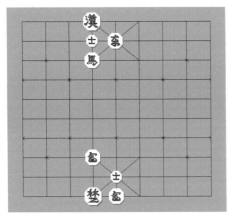

그림19-3 기본형 제19(C)형

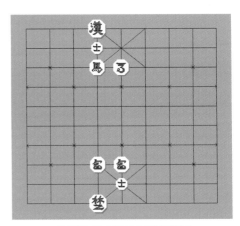

그림19-4 기본형 제19(D)형

마) 그룹5: 기본형 제20형~기본형 제21형

그룹5의 세부 기본형 종류

이 그룹은 넓은 의미에서는 전술을 활용한 외통 전략 그룹이다. 특히 그 중 묶기와 양수겸장을 활용한 전략이다. 장기는 아무리 능력이 있는 기물이라도 묶이면 그 기능을 발휘를 못하게 되기도 하고, 아무리 수비하는 기물이 많이 있어도 동시에 두 개의 기물이 장군을 부르면 공격하는 기물 둘을 한번에 모두 잡을 수 없는 상황도 발생할 수 있다. 이 때 쓸 수 있는 전략이 이 그룹에 해당한다.

외통 기본형 제20형~제21형	
외통 전략 분류	그룹5: 전술 활용 전략 (묶기와 양수겸장): 기본형 제20형~기본형 제21형
외통 전략 개요	전술 중 특히 묶기와 양수겸장을 활용하여 이기는 전략
주 외통 공격 기물	모든 기물
어시스트 기물	모든 기물
외통 지점	모든 지점

1. 기본형 제20형

- 포를 제외한 모든 다른 기물로 적 왕을 묶어서 이기는 전략
- 주 외통 공격 기물은 모든 기물
- 어시스트 기물은 모든 기물
- 외통 지점은 모든 부분
- 대표적인 기본형 모양은 다음과 같다

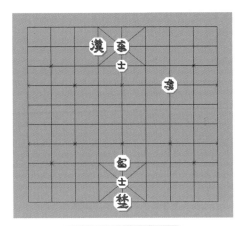

그림20 기본형 제20형

2. 기본형 제21형

- 양수겸장을 이용하여 이기는 전략으로 주로 뜰장을 이용하여 동시에 두 기물이 장군을 부르는 외통 형태
- 주 외통 공격 기물은 모든 뜰장을 부르는 기물
- 어시스트 기물은 호장을 부르는 지점을 겨냥하는 모든 기물
- 외통 지점은 모든 부분
- 대표적인 기본형 모양은 다음과 같다

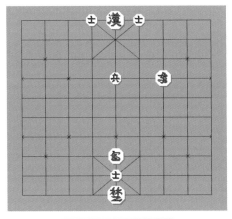

그림21 기본형 제21형

이제까지 각 기본형의 개요에 대해서 알아보았다.
지금부터는 각각의 세부 기본형과 그 실전 응용에 대해서
문제를 통해서 상세히 살펴본다.

그룹1의 세부 기본형에 대한 설명 및 훈련

다음은 앞에서 분류한 그룹1의 세부 기본형에 대해서 상세히 알아보자.

1. 기본형 제1형

외통 기본형 제1형	
외통 전략 분류	**그룹1: 힘의 균형 무너뜨리기 전략: 공격자 수 〉 수비자 수**
외통 전략 개요	외통 목표 지점에 공격자의 수를 수비자의 수보다 더 많이 집중하여 이기는 전략
주 외통 공격 기물	주 외통 공격 기물이 차
어시스트 기물	포
외통 지점	궁의 중앙

기본형 제1형의 대표적인 외통 형태는 다음 그림과 같다.

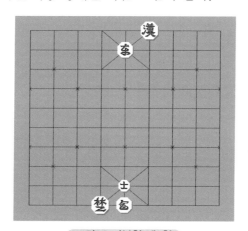

그림22 기본형 제1형

　기본형 제1형의 모양이 숙지가 되었으면 다음의 1~8의 문제를 풀어보도록 한다. 우선 여러분에게 실전 대국 중 이 문제의 상황이 닥쳤다고 생각을 하고 일일이 한 문제씩 외통으로 이기는 수를 찾아본다. 그런 후 각 기본형의 해답 부분에서 본인의 해답이 맞았는지 확인을 한다. 그럼 문제도를 보기로 한다. 문제도는 모두 초차례이다.

기본형 제1형 (초차례)

문제 1

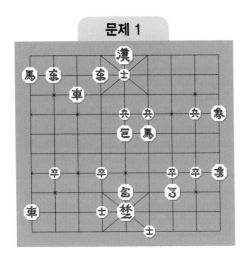

문제 2

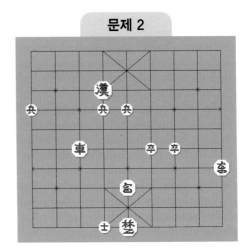

문제 3

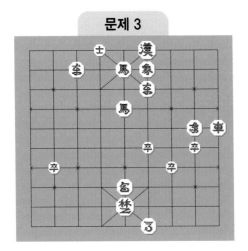

문제 4

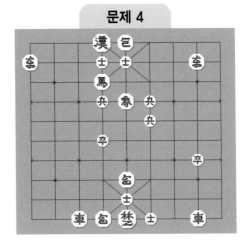

문제 5

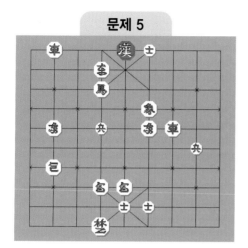

문제 6

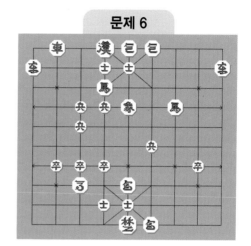

문제 7

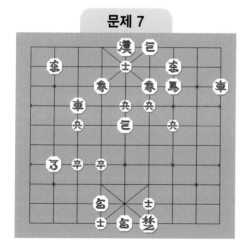

문제 8

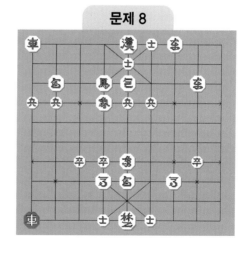

기본형 제1형 해답 (초차례)

기본형 제1형~제12형의 모든 문제는 모든 공격수의 힘을 어디에 집중할 것인가에 초점을 맞추는 것이 중요하고 그 점에 가하는 공격수의 파우어가 공격수와 수비수 각각 몇 대 몇인지를 따져보는 것이 중요하다.

문제 1

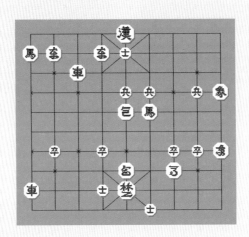

본 문제에서 한의 약점은 e9의 외사인데 초에서 e9에 힘을 가할 수 있는 기물이 3개 (b차 & d차 & e포)이고 한에서 이 지점을 방어하는 수는 한왕과 e포로 두 개이므로 힘을 e9에 집중하는 것이 외통 전략의 핵심이다. 그 외통 수순은 다음과 같다.

①d차Xe9사장군 ②e포Xe9차 ③b차Xe9포장군#

①d차Xe9사장군   ②e포Xe9차   ③b차Xe9포장군#

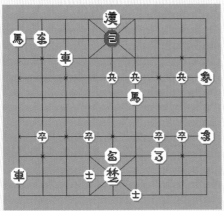
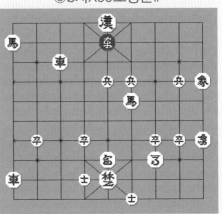

문제 2

한 궁성의 민궁 급소가 한의 약점이므로
초는 e3면포와 i4차를 e9자리에 힘을 모
으면 된다. 그 수순은 다음과 같다.

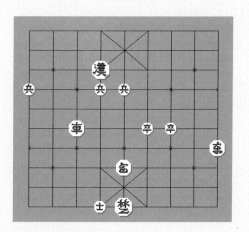

①i차i8장군 ②d장d9 ③i차i9장군 ④d장d10 ⑤i차e9장군#

①i차i8장군　②d장d9

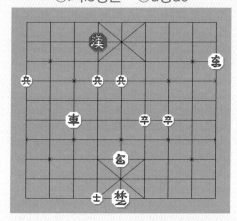

③i차i9장군　④d장d10

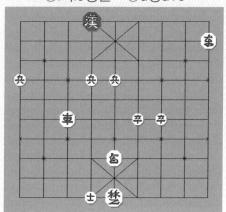

⑤i차e9장군#

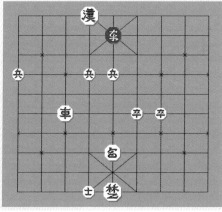

문제 3

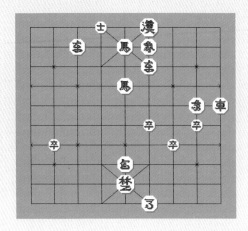

e9자리에 초의 3개의 공격수를 집결시킬 수 있고, 한에서 이 자리를 지키는 기물이 d10사와 f10한왕이므로 외통수가 성립된다. 그 수순은 다음과 같다.

①c차Xe9마장군 ②d사e9차 ③f차Xe9사장군#

①c차Xe9마장군   ②d사e9차

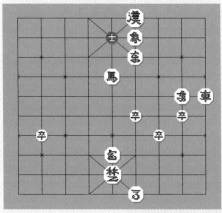

③f차Xe9사장군#

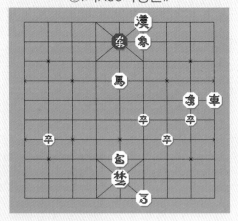

문제 4

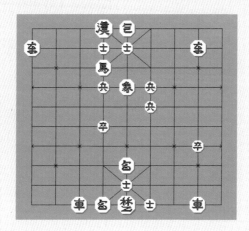

  e9사를 지키는 한의 기물은 d9사와 d10한왕이므로 초의 a차와 g차와 e포를 이 지점에 합세하면 3 대 2로 공격자 수가 우세하므로 외통수가 성립된다.
  해답 수순은 다음과 같다.

①h차Xe9사장군 ②d사Xe9차 ③a차Xe9사장군#

①h차Xe9사장군   ②d사Xe9차   ③a차Xe9사장군#

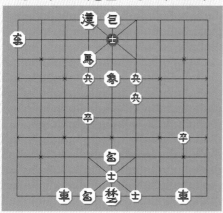

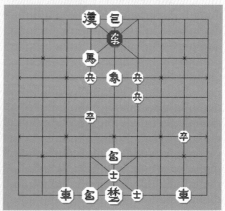

문제 5

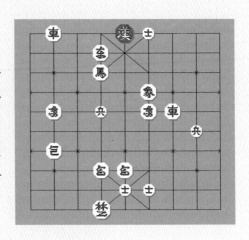

초에서 힘을 e9에 모으기 위해 e포의 다리를 만드는 것이 중요하다. 따라서 상장군으로 포다리를 만든 후 e9자리에 공격수 2개 대 수비수 1개의 상황을 만들면 외통으로 이길 수 있다. 그 수순은 다음과 같다.

①b상e8장군 ②d병e6 ③e포e7장군 ④e사e9 ⑤d차Xe9사장군#

①b상e8장군 ②d병e6

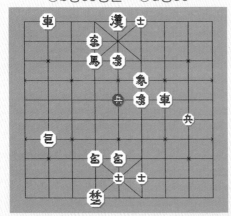

③e포e7장군 ④e사e9

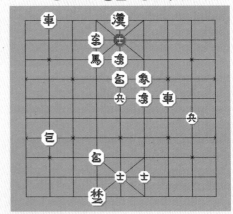

⑤d차Xe9사장군#

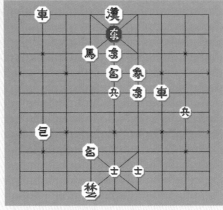

문제 6

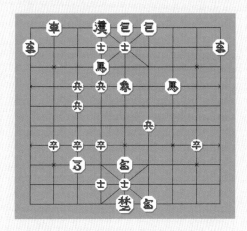

 e9자리에 초의 3개의 공격수 (a차&i차&e포)를 집결시킬 수 있고, 한에서 이 자리를 지키는 기물이 d9사와 d10한왕으로 2개 밖에 없으므로 외통수가 성립된다. 그 수순은 다음과 같다.

①i차Xe9사장군 ②d사Xe9차 ③a차Xe9사장군#

①i차Xe9사장군   ②d사Xe9차   ③a차Xe9사장군#

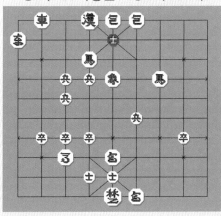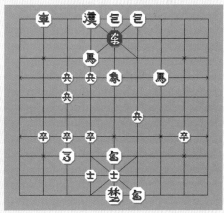

문제 7

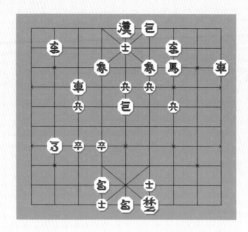

e9자리가 힘이 모이는 자리이다. 공격수는 b차&g차&e포이고 수비수는 e6포와 e10한왕이어서 이 자리가 3 대 2 포인트가 된다. 해답 수순은 다음과 같다.

①g차Xe9사장군 ②e포Xe9차 ③b차Xe9포장군#

①g차Xe9사장군　②e포Xe9차

③b차Xe9포장군#

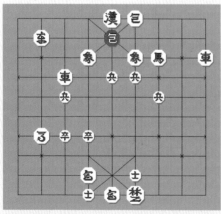

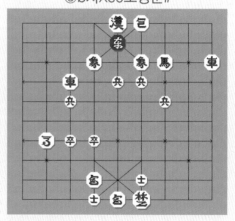

문제 8 (해답①)

g차가 사를 잡고 죽는 묘수에 의해 7수
만에 이기는 수순이 있는데 우선 첫수로
차를 희생하여 f10사를 하나 잡고 외사로
만든 후 중앙상이 장군을 불러서 면포의
두 다리 중 하나를 치워서 면포가 e9자리
를 노리게 하면 e9자리에 힘이 집중되어
외통으로 이길 수 있다.

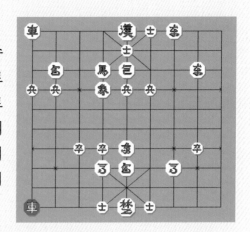

①g차Xf10사장군! ②e사Xf10차 ③h차Xe8포장군 ④f사e9 ⑤e4상c7장군 ⑥b병Xc7상
⑦e차Xe9사장군#

①g차Xf10사장군! ②e사Xf10차

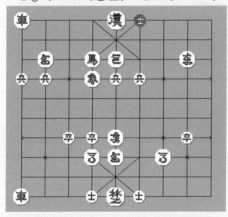

③h차Xe8포장군 ④f사e9

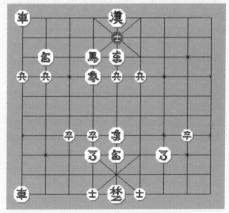

⑤e4상c7장군 ⑥b병Xc7상

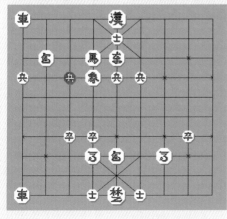

⑦e차Xe9사장군#

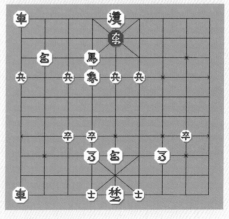

문제 8 (해답②)

만약에 2수에서 한왕으로 초차를 잡으면 해답2 수순으로 이기면 된다. 수순은
다음과 같다.

①g차Xf10사장군! ②e장Xf10차 ③h차h10장군 ④f장f9 ⑤e4상h6장군 ⑥f9장f8
⑦h차h8장군#

①g차Xf10사장군!　②e장Xf10차 　③h차h10장군　④f장f9

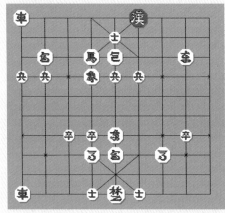 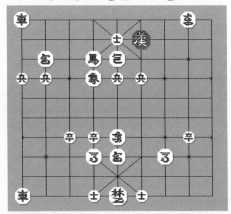

⑤e4상h6장군　⑥f9장f8 　⑦h차h8장군#

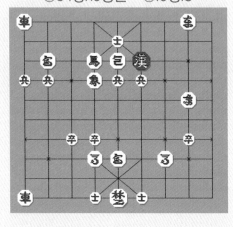 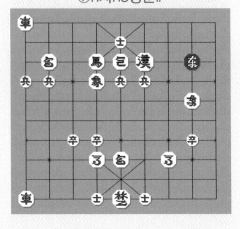

2. 기본형 제2형

외통 기본형 제2형	
외통 전략 분류	**그룹1: 힘의 균형 무너뜨리기 전략: 공격자 수 〉수비자 수**
외통 전략 개요	외통 목표 지점에 공격자의 수를 수비자의 수보다 더 많이 집중하여 이기는 전략
주 외통 공격 기물	주 외통 공격 기물이 차
어시스트 기물	포
외통 지점	궁의 4군데 귀 (좌하귀, 우하귀, 좌상귀, 우상귀)

기본형 제2형의 대표적인 외통 형태는 다음 그림과 같다.

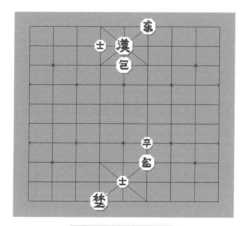

그림23 기본형 제2형

 기본형 제2형의 외통 모양이 숙지가 되었으면 다음의 1~10의 문제를 풀어보도록 한다. 실전 대국 중 이 문제의 상황을 접했다고 생각을 하고 일일이 한 문제씩 외통으로 이기는 수를 찾아본다. 문제도는 모두 초차례이다.

기본형 제2형 (초차례)

문제 1

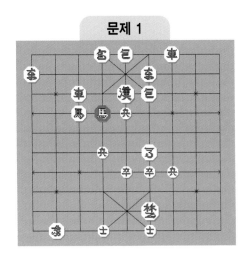

문제 2

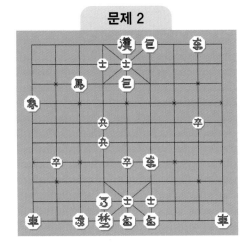

문제 3

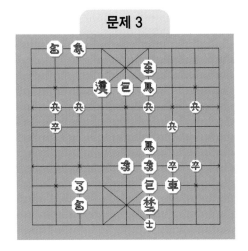

문제 4

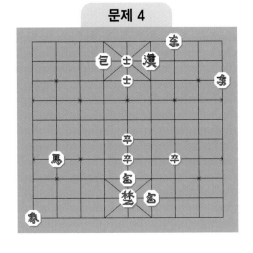

문제 5

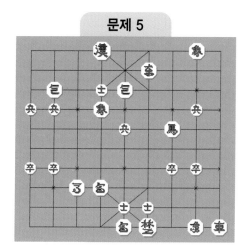

문제 6

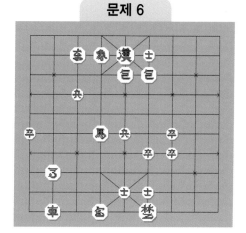

문제 7

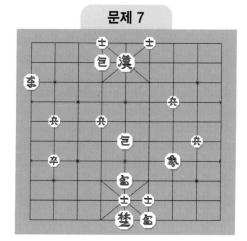

문제 8

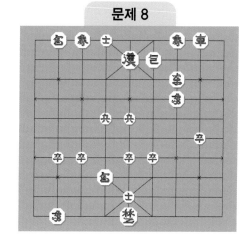

문제 9

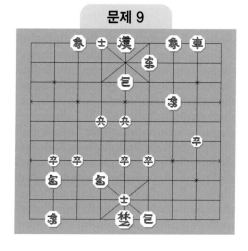

문제 10

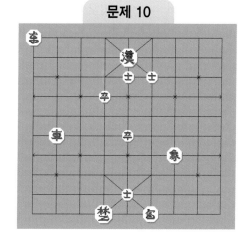

기본형 제2형 해답 (초차례)

문제 1

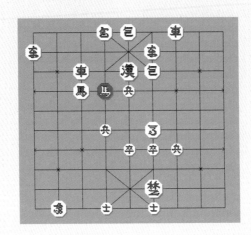

첫수로 a차를 희생시키는 수가 묘수이다. 한의 d마가 차를 잡으면서 궁중마가 되도록 유인을 하여 그 멍마 (궁중마)의 다리를 이용하여 d10 포와 f 초차의 합동작전으로 f8 자리인 한왕의 옆구리를 찌르는 수로 게임을 마무리한다.

그 수순은 다음과 같다.

①a차e9장군! ②d마Xe9차 ③f차Xf8포장군#

①a차e9장군! ②d마Xe9차

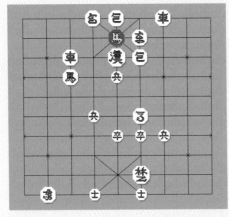

③f차Xf8포장군#

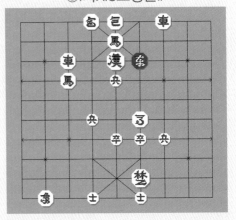

문제 2

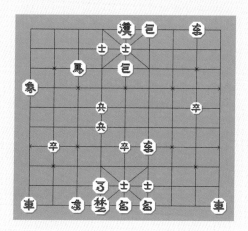

한에서는 f10자리가 가장 약한 부위이다. 이 자리가 공격수 대 수비수의 수가 3:2가 되므로 초는 이 부분에 힘을 집중시키면 쉽게 이긴다.

해답 수순은 다음과 같다.

①f차Xf10포장군! ②e사Xf10차 ③h차Xf10사장군#

①f차Xf10포장군! ②e사Xf10차

③h차Xf10사장군#

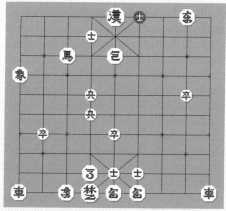

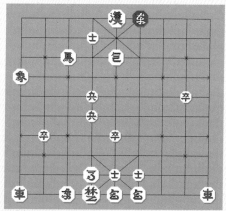

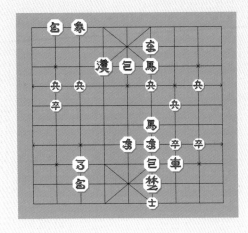

한에서 치명적인 약점이 민궁임을 이용하여 힘이 모이는 곳을 찾아보면 10선에서 b포가 있어서 d10자리를 겨냥하고 있고 f차도 f10에 호장을 하면 d10자리에 합류할 수 있다. 이 d10 자리는 한의 왕만 보호하는 자리이므로 2 대 1의 힘의 균형이 무너지는 포인트가 되어 여기서 외통수가 성립된다. 그 수순은 다음과 같다.

①f차f10장군 ②d장d9 ③f차d10장군#

①f차f10장군   ②d장d9   ③f차d10장군#

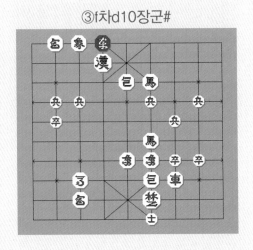

문제 4

한 궁성에서 제일 약한 부위는 f10자리이다. f10자리에 힘을 집중시켜 외통으로 이길 수가 있다. 이 부분은 공격수 대 수비수가 3 대 1인 포인트이기 때문이다. 그 외통 수순은 다음과 같다.

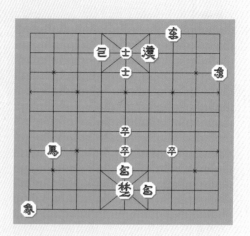

①g차g9장군 ②f장f10 ③e졸f4장군 ④f장e10 ⑤g차g10장군 ⑥e사f10 ⑦g차Xf10사장군#

①g차g9장군　②f장f10　　　③e졸f4장군　④f장e10

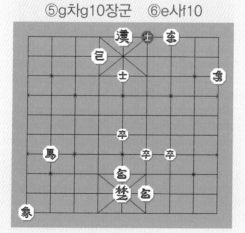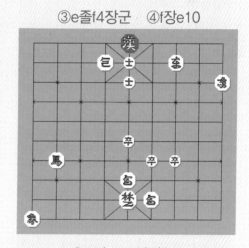

⑤g차g10장군　⑥e사f10　　　⑦g차Xf10사장군#

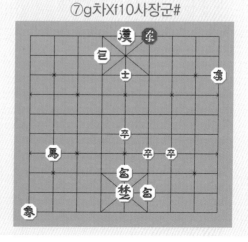

문제 5

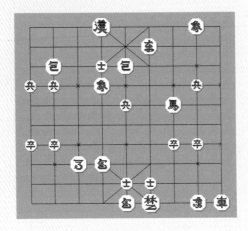

상황을 분석해 보면 한 궁성에서 제일 약한 부위는 d8부위이다. 이곳에 초의 d3 포가 이미 힘을 가하고 있고 f9 초차도 장군을 부르면서 합류할 수 있는 지점이기 때문이다. 그 외통 수순은 다음과 같다.

①f차f10장군 ②d장d9 ③f차Xd8사장군#

①f차f10장군　②d장d9

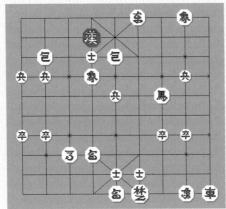

③f차Xd8사장군#

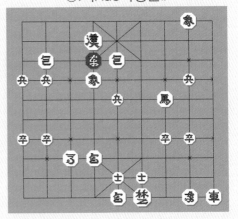

문제 6

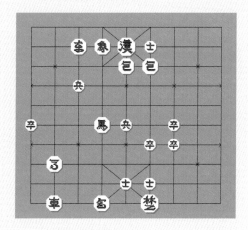

한 궁성의 d9 부위에 초의 포와 차가 힘을 이미 가하고 있어서 초가 쉽게 이길 수 있는 문제이다. 그 외통 수순은 다음과 같다.

①c차Xd9상장군 ②e장e10 ③d차d10장군#

①c차Xd9상장군   ②e장e10

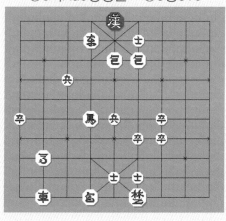

③d차d10장군#

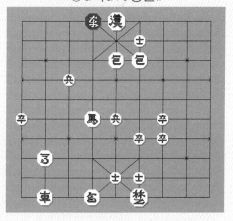

문제 7

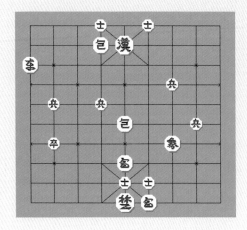

힘이 모이는 지점은 f8 자리이다. 3수 만에 이기는 간단한 문제이다. 해답 수순은 다음과 같다.

①a차f8장군 ②e장e10 ③f차Xf10사장군#

①a차f8장군　②e장e10

③f차Xf10사장군#

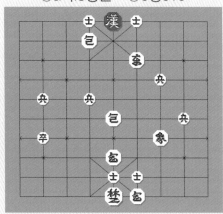

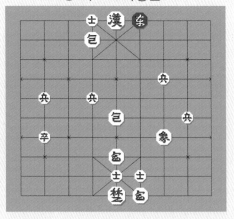

문제 8

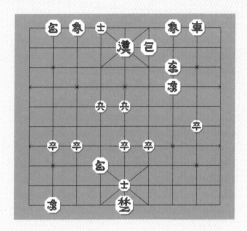

한 궁성에서 초의 공격수의 힘이 집중된 자리는 d줄이다. 이 d줄에 힘을 모으면 3수 만에 간단히 이길 수 있다. 이처럼 이런 유형의 문제를 해결하려면 우선 1. 힘을 모을 수 있는 지점을 보고 2. 모든 공격수의 힘을 그 곳에 집중시키면 된다.

①g차d8장군 ②e장e10 ③d차Xd10사장군#

①g차d8장군 ②e장e10

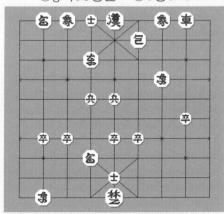

③d차Xd10사장군#

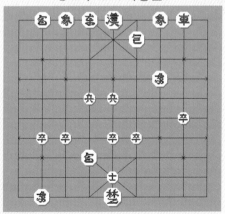

문제 9

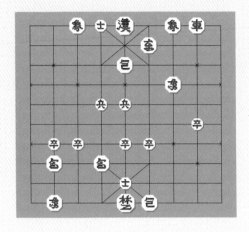

이 문제는 뜰장전술까지 가세한 문제이다. 우선 상의 멱을 막고 있는 초차가 상 장군을 부르면서 f8자리로 자연스럽게 간 후 약한 부위인 d10 자리에 힘을 모으면 된다. 해답 수순은 다음과 같다.

①f차f8장군 ②e포g8 ③f차Xd10사장군#

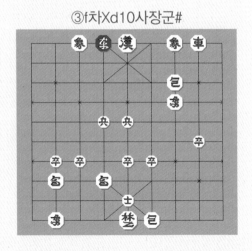

문제 10

상황을 보면 한의 궁성에서 가장 약한 부위는 f10자리이다. 1단계로 일단 초차가 f10자리를 찌르면서 궁성에 진입한 후 한왕이 d줄로 피하면 초포를 d줄로 이동시켜서 d줄에서 모든 에너지를 발산하면 5수 만에 이길 수 있다. 해답 수순은 다음과 같다.

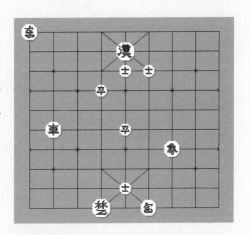

①a차f10장군 ②e장d9 ③f포d3장군 ④e사d8 ⑤f차Xd8사장군#
(만약에 ④b차d5 하면 ⑤d졸d8장군 ⑥e사Xd8졸 ⑦f차Xd8사장군#)

①a차f10장군   ②e장d9

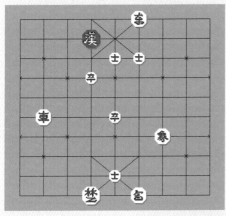

③f포d3장군   ④e사d8

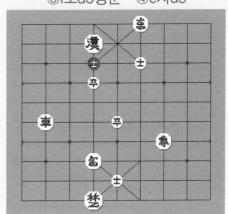

⑤f차Xd8사장군#

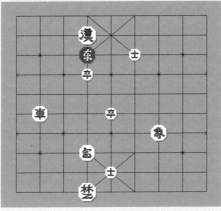

변화수를 살펴보면 만약 4수에서 한차로 막으면 아래 그림대로 외통이 진행된다.

①a차f10장군　②e장d9

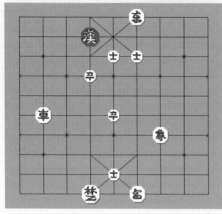

③f포d3장군　④b차d5

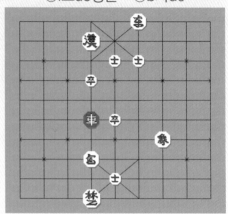

⑤d졸d8장군　⑥e사Xd8졸

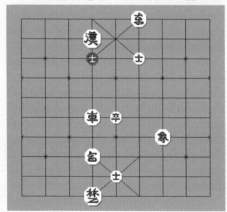

⑦f차Xd8사장군#

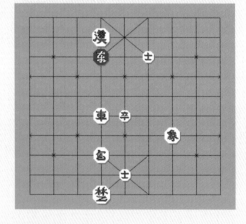

3. 기본형 제3형

외통 기본형 제3형	
외통 전략 분류	**그룹1: 힘의 균형 무너뜨리기 전략: 공격자 수 〉 수비자 수**
외통 전략 개요	외통 목표 지점에 공격자의 수를 수비자의 수보다 더 많이 집중하여 이기는 전략
주 외통 공격 기물	주 외통 공격 기물이 차
어시스트 기물	포
외통 지점	궁의 4군데 면 & 중 (면, 우중, 좌중, 궁하중)

기본형 제 3형의 대표적인 외통 형태는 다음 그림과 같다.

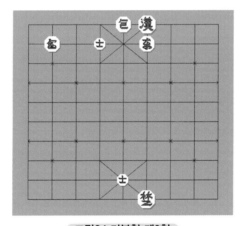

그림24 기본형 제3형

 기본형 제3형의 외통 모양이 숙지가 되었으면 다음의 1~3의 문제를 풀어보도록 한다. 실전 대국 중 이 문제의 상황을 접했다고 생각을 하고 일일이 한 문제씩 외통으로 이기는 수를 찾아본다. 문제도는 모두 초차례이다.

기본형 제3형 (초차례)

문제 1

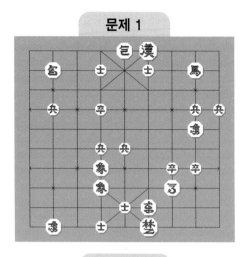

문제 2

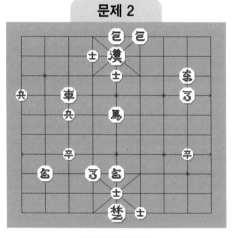

문제 3

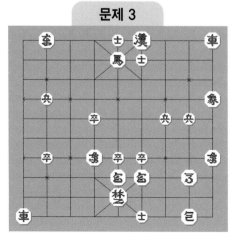

기본형 제3형 해답 (초차례)

문제 1

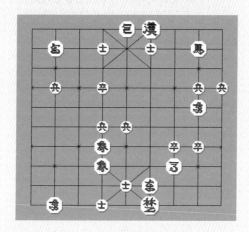

  기본형 제3형에서는 공격 컴비네이션의 어시스트 기물이 포이고 외통 마무리 공격수가 차인데, 외통 지점이 궁의 면이나 중인 지점에서 외통 형태가 나온다. 본 문제에서 상황을 보면 한 궁성에서 제일 약한 부위는 f9자리이다. 초의 공격수 2개가 이 지점에 힘을 집중하고 있고 한에서는 왕에 의해서만 지켜지는 약한 자리이기 때문이다. 그 외통 수순은 다음과 같다. ①f차Xf9사장군#. 이처럼 외통수를 찾을 때는 항상 상대의 약한 부위가 어디인지 보고 그 곳에 힘을 가하면 된다.

①f차Xf9사장군#

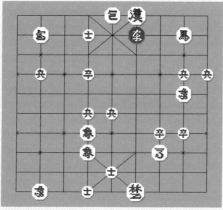

문제 2

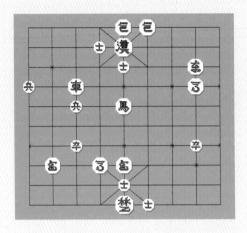

e줄이 초의 e3 면포에 의해 묶여있기 때문에 이를 이용하여 초차가 궁성에 진입
한 후 e8자리에 힘을 집중시키면 쉽게 이긴다. 해답 수순은 다음과 같다.

①h차f8장군! ②e장d8 ③f차Xe8사장군#

①h차f8장군! ②e장d8

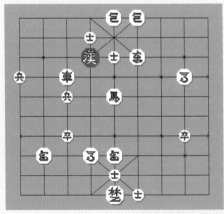

③f차Xe8사장군#

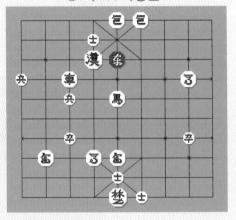

문제 3

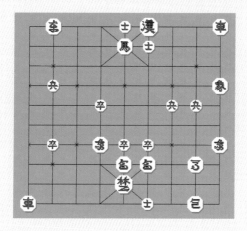

이미 e10자리에 초의 b차가 겨누고 있고 e포는 한의 궁중마 때문에 그 기능을 다 발휘 못하고 있다. 이 문제의 해법은 멱풀기를 이용하여 e9 한마를 자리이탈 하도록 강요하면 된다. 그 방법은 f초포를 이용하면 된다. 그 외통 수순은 다음과 같다.

①f포f7장군‼ ②e마Xf7포 ③b차Xe10사장군#

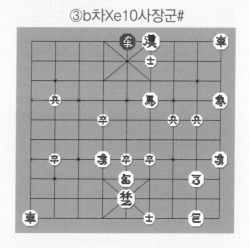

4. 기본형 제4형

외통 기본형 제4형	
외통 전략 분류	그룹1: 힘의 균형 무너뜨리기 전략: 공격자 수 〉 수비자 수
외통 전략 개요	외통 목표 지점에 공격자의 수를 수비자의 수보다 더 많이 집중하여 이기는 전략
주 외통 공격 기물	주 외통 공격 기물이 차
어시스트 기물	차와 졸
외통 지점	궁의 9군데 모든 곳

기본형 제 4형의 대표적인 외통 형태는 다음 그림과 같다.

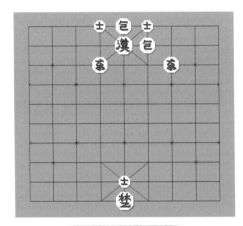

그림25 기본형 제4형

기본형 제4형의 외통 모양이 숙지가 되었으면 다음의 1~4의 문제를 풀어보도록 한다. 실전 대국 중 이 문제의 상황을 접했다고 생각을 하고 일일이 한 문제씩 외통으로 이기는 수를 찾아본다. 문제도는 모두 초차례이다.

기본형 제4형 (초차례)

문제 1

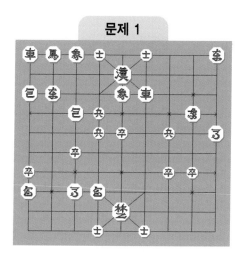

문제 2

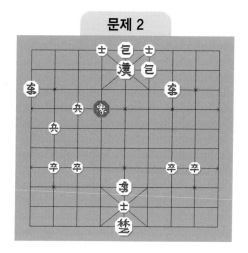

문제 3

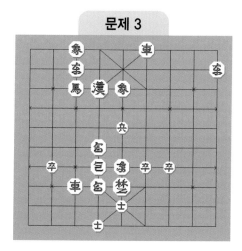

문제 4

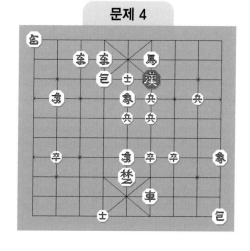

기본형 제4형 해답 (초차례)

문제 1

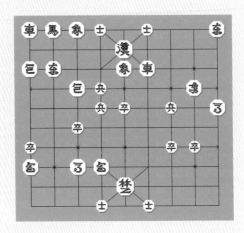

문제의 상황을 분석해 보면 h7상이 한의 f8차를 묶고 있고 f10사도 겨냥하고 있다. 이를 이용하여 외통수를 찾아보면 우선 i10차로 f10사를 때리면서 궁성에 진입한 후 양차의 힘을 합세하면 된다. 그 외통 수순은 다음과 같다.

①i차Xf10사장군 ②e장d9 ③b차d8장군#

①i차Xf10사장군　②e장d9

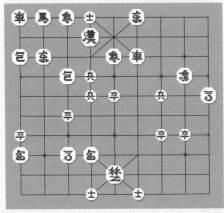

③b차d8장군#

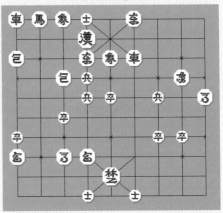

문제 2

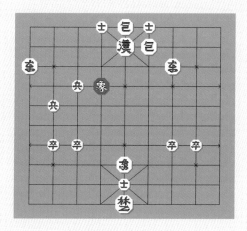

한 궁성에서 가장 약한 부위는 d8자리와 f8자리이다. 그 외통 수순은 다음과 같다.

①a차d8장군#

①a차d8장군#

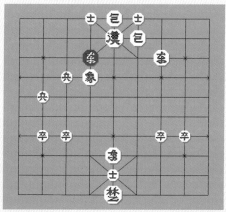

문제 3

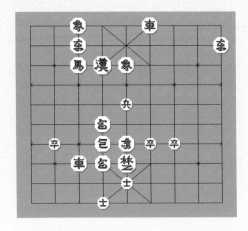

한 궁성은 민궁인 상태이고 한차가 들어와 수비를 하고 있다. 초의 공격수는 c차와 i차인데 힘을 합세할 자리는 d9자리이고 두 차 중 아무 차나 이곳에 합세를 하면 외통으로 이길 수 있다. 해답 수순은 다음과 같다.

①c차d9장군#

①c차d9장군#

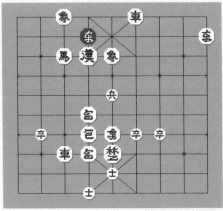

문제 4

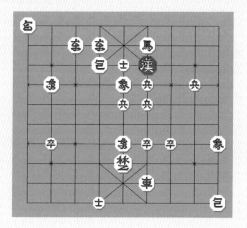

f9마 자리가 한에서 제일 약한 부위이다. 양차합세가 가능한 부위이기 때문이다. 그 외통 수순은 다음과 같다.

①a차Xd9사장군#

①a차Xd9사장군#

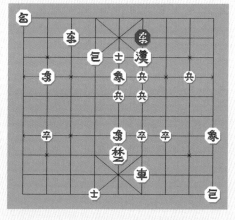

5. 기본형 제5형

외통 기본형 제5형	
외통 전략 분류	**그룹1: 힘의 균형 무너뜨리기 전략: 공격자 수 〉수비자 수**
외통 전략 개요	외통 목표 지점에 공격자의 수를 수비자의 수보다 더 많이 집중하여 졸로 이기는 전략
주 외통 공격 기물	**주 외통 공격 기물이 졸**
어시스트 기물	차, 포, 마, 상, 졸 등 모든 기물
외통 지점	궁의 9군데 모든 곳

기본형 제 5형의 대표적인 외통 형태는 다음 그림과 같다.

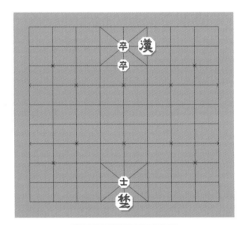

그림26 기본형 제5형

  기본형 제5형의 외통 모양이 숙지가 되었으면 다음의 1~4의 문제를 풀어보도록 한
다. 실전 대국 중 이 문제의 상황을 접했다고 생각을 하고 일일이 한 문제씩 외통으로
이기는 수를 찾아본다. 문제도는 모두 초차례이다.

기본형 제5형 (초차례)

문제 1

문제 2

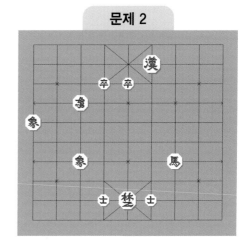

문제 3

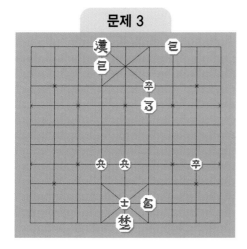

문제 4

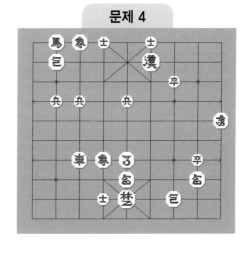

기본형 제5형 해답 (초차례)

문제 1

이 문제는 졸이 영웅이 되는 문제이다. 초의 d1포와 d7졸의 힘을 모으기 위해 초의 b차가 희생을 하여 d사를 잡고 죽으면서 한왕을 d9자리로 유인한 후 총 5수만에 이긴다. 포의 서포트를 받아서 졸이 막강한 힘을 발휘하는 문제이다.

그 외통 수순은 다음과 같다.

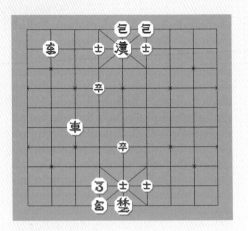

①b차Xd9사장군!! ②e장Xd9차 ③d졸d8장군 ④d장d10 ⑤d졸d9장군#

①b차Xd9사장군!!　②e장Xd9차　　　③d졸d8장군　④d장d10

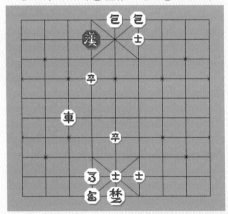

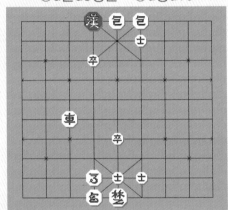

⑤d졸d9장군#

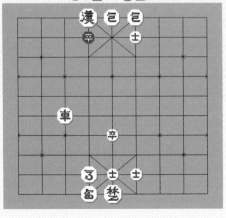

문제 2

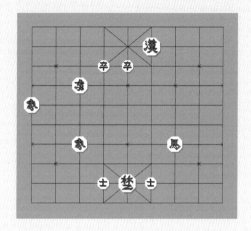

d졸과 e졸중 어떤 졸로 장군을 쳐야 하는가가 중요한 문제이다. 반드시 d졸로 호장을 해야 이길 수 있다. 왜냐하면 e졸로 호장을 하면 한왕이 f8로 올라오기 때문이다. 초보자들이 이런 경우 실수를 하는 경향이 있는데 마지막까지 집중력을 잃지 말아야 이처럼 다 잡은 적 왕을 실수 없이 잡을 수 있는 것이다.

그 외통 수순은 다음과 같다.

①d졸e9장군#!

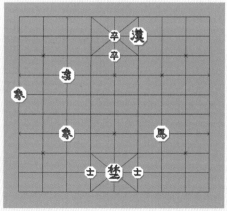

①d졸e9장군#!

문제 3

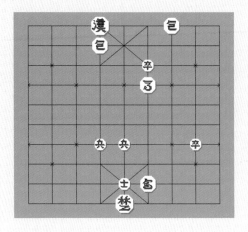

본 문제는 마의 서포트를 받은 졸이 입궁하여 이기는 상황이다. 가장 간명하게 이기는 형태 중 하나이다. 그 외통 수순은 다음과 같다.

①f졸e9장군#

①f졸e9장군#

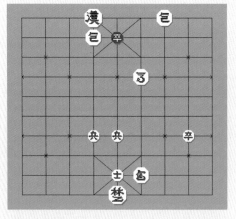

문제 4

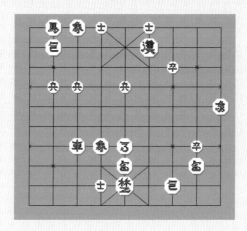

g8졸이 장군을 부를 수 있는 2가지 경우가 있다. g9로 호장하는 경우와 f8로 호장하는 경우인데 이럴 때도 단 1수라도 신중히 수읽기를 해야 다 잡은 고기를 실수 없이 랜딩 할 수 있다. 만약 무심코 g9로 장군을 부르면 f9한왕이 e9로 도망을 가던지 b9포가 졸을 잡게 되는 수가 있다. 따라서 g졸을 f8자리로 찌르는 수가 급소가 되고 이 자리는 i6상이 서포트하므로 한왕이 졸을 잡을 수 없다.

그 해답은 다음과 같다.

①g졸f8장군#

①g졸f8장군#

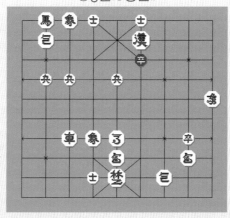

6. 기본형 제6형

외통 기본형 제6형	
외통 전략 분류	그룹1: 힘의 균형 무너뜨리기 전략: 공격자 수 〉 수비자 수
외통 전략 개요	외통 목표 지점에 공격자의 수를 수비자의 수보다 더 많이 집중하여 이기는 전략
주 외통 공격 기물	주 외통 공격 기물이 차
어시스트 기물	마, 상
외통 지점	궁의 중앙

기본형 제 6형의 대표적인 외통 형태는 다음 그림과 같다.

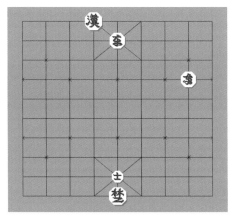

그림27 기본형 제6형

  기본형 제6형의 외통 모양이 숙지가 되었으면 다음의 1~7의 문제를 풀어보도록 한다. 실전 대국 중 이 문제의 상황을 접했다고 생각을 하고 일일이 한 문제씩 외통으로 이기는 수를 찾아본다. 문제도는 모두 초차례이다.

기본형 제6형 (초차례)

문제 1

문제 2

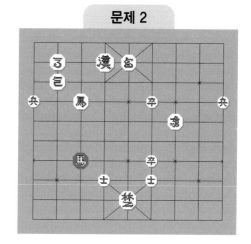

문제 3

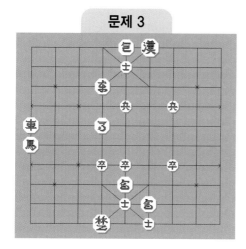

문제 4

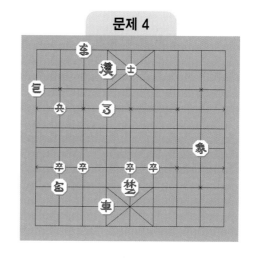

문제 5

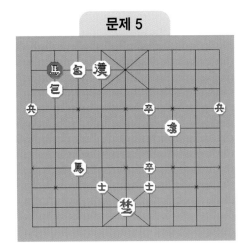

문제 6

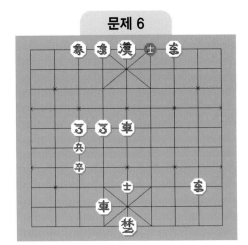

문제 7

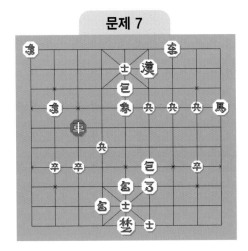

기본형 제6형 해답 (초차례)

문제 1

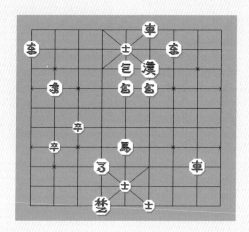

e9사를 지키는 한의 기물은 f10차와 f8한왕이고, 초의 공격 기물은 a9차와 g9차와 b7상, 3개이다. 3대2로 공격자수가 우세하므로 외통수가 성립된다.

그 외통 수순은 다음과 같다.

①g차Xe9사장군 ②f차Xe9차 ③a차Xe9차장군#

①g차Xe9사장군 ②f차Xe9차

③a차Xe9차장군#

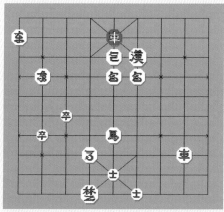

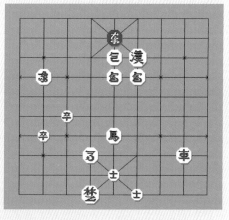

문제 2

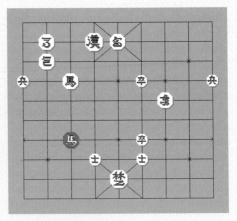

이 문제는 아주 고급문제인데, 여기서는 가장 전형적인 상/졸의 합동작전에 의한 외통 모양이 나온다. 이 모양을 잘 기억해 두었다가 실전에서 써 먹으면 톡톡히 재미를 볼 수 있다. 이 문제는 졸로 이기는 문제이므로 제5형으로 분류할 수도 있다. 문제의 상황은 e9자리를 차지하고 있는 초포가 포장군을 부르기 위해 자리를 비워주고, 이를 수비하기 위해 한마가 자리를 비운 사이에 초의 f졸이 입궁하여 이기는 전략을 짜는 시나리오로 가면 된다. 그 외통 수순은 다음과 같다.

①e9포c9!! ②c7마e8 ③c9포a9장군 ④e8마c9 ⑤f7졸f8! ⑥c마e5 ⑦f8졸e9장군#

①e9포c9!! ②c7마e8

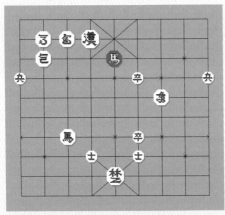

③c9포a9장군 ④e8마c9

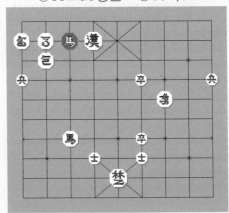

⑤f7졸f8! ⑥c마e5

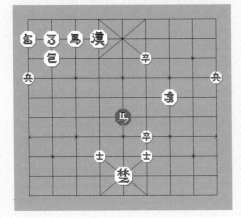

⑦f8졸e9장군#

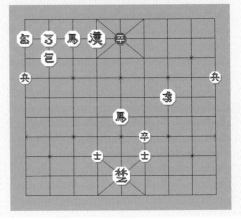

문제 3

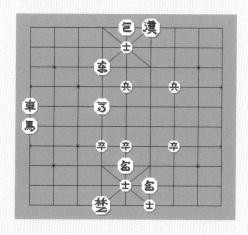

 이 문제는 마가 서포트가 되어 차가 입궁하는 외통 형태로 이기는 문제이다. 여기서 여러분께 중요한 점을 강조하고자 이 문제를 기재했다. 뜰장의 중간 기물이 이동하면서 포장군을 도와주는 경우에 중간 기물은 절대 죽지 않는다는 원리가 작용한다는 점이다. 이 문제의 상황에서는 마가 포장군을 도와주면서 f7지점에 이동하게 되면 자연스럽게 e9지점에 마와 차에 의한 두 개의 힘이 합해지게 되어 외통으로 이기는 모양이 생기게 된다. 그 외통 수순은 다음과 같다.

①d마f7장군! ②a차f6 ③d차Xe9사장군#

①d마f7장군!　②a차f6

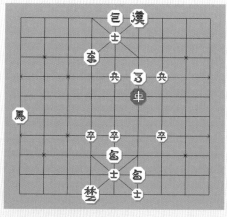

③d차Xe9사장군#

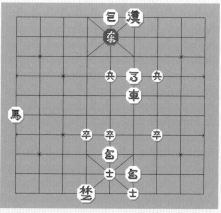

문제 4

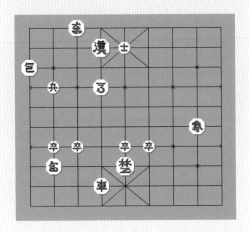

이미 d7마에 의해 e9 지점이 겨냥이 된 상태이다. c10차가 이 e9점에 합류하면 외통 모양이 나오는데 그 접선 방법은 단순히 호장을 하면서 자연스럽게 합류하면 된다. 그 외통 수순은 다음과 같다.

①c차c9장군 ②d장d10 ③c차Xe9사장군#

①c차c9장군 ②d장d10

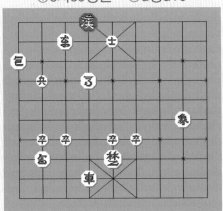

③c차Xe9사장군#

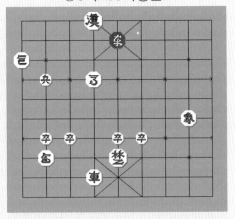

문제 5

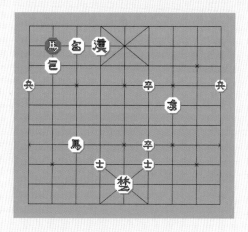

이 문제는 3번 문제와 유사한 문제이다. 졸이 입궁하여 이기기 때문에 제5형으로 분류해야 하는데 졸 대신에 차가 입궁하면 6형이 되기 때문에 큰 차이는 없는 것 같다. 상과 졸 또는 상과 차에 의해 외통으로 이기는 전형적인 외통 모양으로 기억하면 될 것 같다. 그 외통 수순은 다음과 같다.

①f7졸f8 ②d9장d10 ③f8졸e9장군#

①f7졸f8　②d9장d10 　　　　　　　　　③f8졸e9장군#

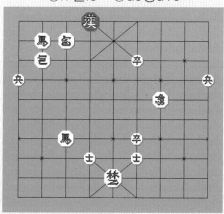

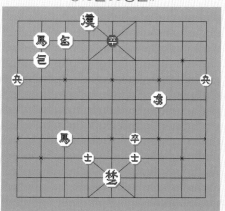

문제 6

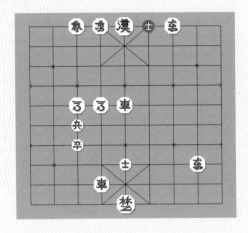

이 문제는 마의 힘을 과시하는 문제이다. 마가 한왕을 위협한 후 e9의 자리를 노리면 차와 합동작전이 가능하게 된다. 전형적인 외통 모양이 생긴다.

그 외통 수순은 다음과 같다.

①c마d8장군 ②e10장e9 ③h차h9장군 ④f10사f9 ⑤d8마f7장군 ⑥e9장d9 ⑦h차Xf9사장군 ⑧e차e9 ⑨f차Xe9차장군#

①c마d8장군 ②e10장e9

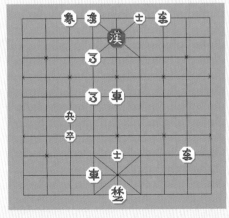

③h차h9장군 ④f10사f9

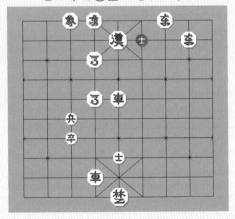

⑤d8마f7장군 ⑥e9장d9 ⑦h차Xf9 ⑧e차e9

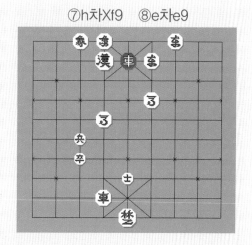

⑨f차Xe9차장군#

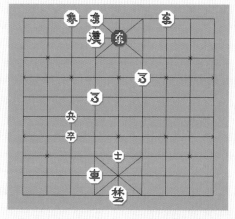

문제 7

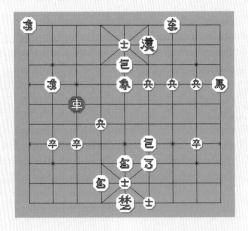

이 문제는 문제4와 유사한 문제로서 b7상이 이미 e9자리를 겨냥한 상태에서 g차가 e9에 합류하면 외통 모양이 나올 수 있다. 그 외통 수순은 다음과 같다.

①g차g9장군 ②f장f8 ③g차Xe9사장군#

①g차g9장군 ②f장f8

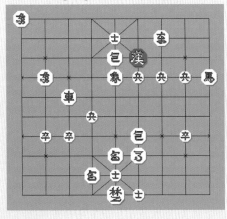

③g차Xe9사장군#

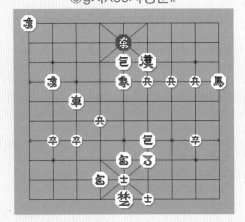

7. 기본형 제7형

외통 기본형 제7형	
외통 전략 분류	**그룹1: 힘의 균형 무너뜨리기 전략: 공격자 수 〉수비자 수**
외통 전략 개요	외통 목표 지점에 공격자의 수를 수비자의 수보다 더 많이 집중하여 이기는 전략
주 외통 공격 기물	주 외통 공격 기물이 차
어시스트 기물	마, 상
외통 지점	외통 지점이 궁의 4군데 귀 (좌하귀, 우하귀, 좌상귀, 우상귀)

기본형 제 7형의 대표적인 외통 형태는 다음 그림과 같다.

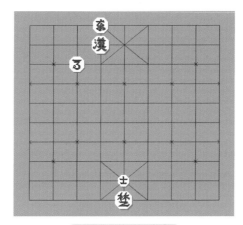

그림28 기본형 제7형

기본형 제7형의 외통 모양이 숙지가 되었으면 다음의 1~10의 문제를 풀어보도록 한다. 실전 대국 중 이 문제의 상황을 접했다고 생각을 하고 일일이 한 문제씩 외통으로 이기는 수를 찾아본다. 문제도는 모두 초차례이다.

기본형 제7형 (초차례)

문제 1

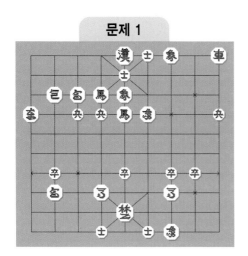

문제 2

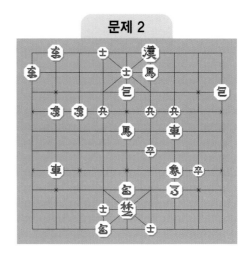

문제 3

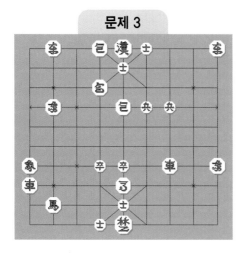

문제 4

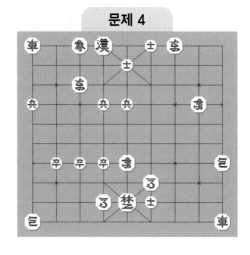

문제 5

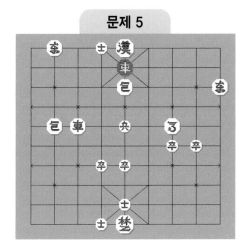

문제 6

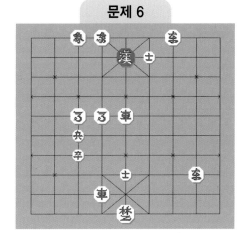

문제 7

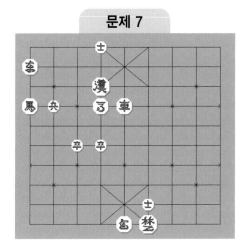

문제 8

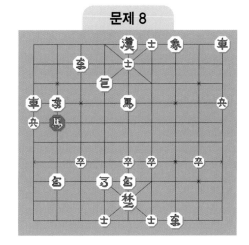

문제 9

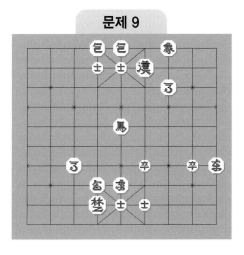

문제 10

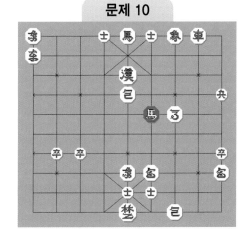

기본형 제7형 해답 (초차례)

문제 1

힘을 집중시킬 자리를 찾는 문제이다. 사에 의해 막혀있지만 잠재적으로 f4상이 d10자리를 노리고 있는 것을 간파하면 쉽게 첫수를 찾을 수 있다. d10자리에 2개의 힘이 가해질 수 있고 이 지점을 지키는 기물이 한왕밖에 없어서 외통 형태가 생긴다. 귀마가 막아 보지만 역부족이다. 5수 만에 초가 이기는 수순은 다음과 같다.

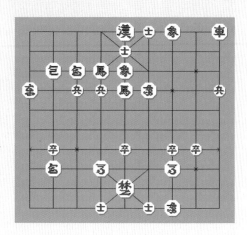

①a차a10장군 ②d마c10 ③a차Xc10마장군 ④e사d10 ⑤c차Xd10사장군#

①a차a10장군 ②d마c10

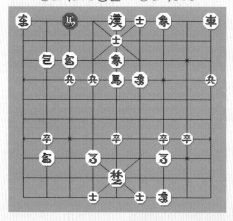

③a차Xc10마장군 ④e사d10

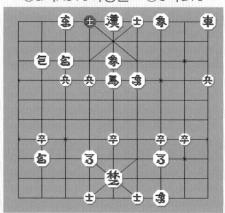

⑤c차Xd10사장군#

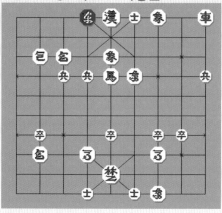

문제 2

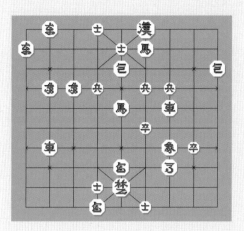

d10사를 지키는 기물은 e9사이다. 이 사만 없애면 초의 b10차와 b7상의 합세로 이기는 외통 형태를 만들 수 있다. 일단 a9차를 희생하는 첫수가 묘수가 된다. 그 외통 수순은 다음과 같다.

①a차Xe9사장군! ②f장Xe9차 ③b차Xd10사장군#

①a차Xe9사장군!   ②f장Xe9차

③b차Xd10사장군#

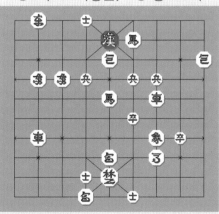

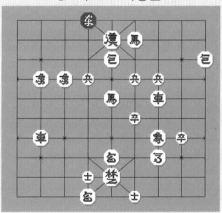

문제 3

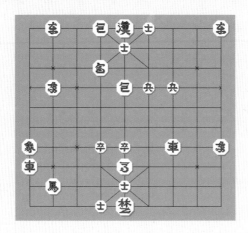

현재 d10포 자리에 초의 b10차와 b7상이 힘을 가하고 있는데 한의 e9사와 e10 한왕이 방어를 하고 있다. 만약 한의 e9사를 수비로부터 이탈시키도록 강요할 수 있으면 외통 형태가 나온다. i10차가 f10사를 잡으면 d8초포 때문에 한왕이 초차를 잡을 수 없음을 이용하면 쉽게 이길 수 있다. 그 외통 수순은 다음과 같다.

①i차Xf10사장군! ②e사Xf10차 ③b차Xd10포장군#

①i차Xf10사장군!   ②e사Xf10차   ③b차Xd10포장군#

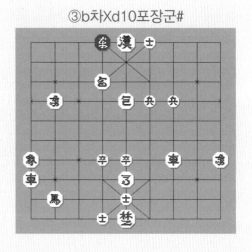

문제 4

첫수로 차를 희생하여 한의 e9사가 그 자리를 이탈하게 만들면 저절로 이기는 외통 외길 수순이 생긴다. 이런 기술을 수비수 이탈 강요기술이라 한다. 이 문제의 시작 모양을 잘 기억해 두었다가 실전에서 써먹으면 유용할 것이다. 최종적으로 외통이 되는 힘의 합류 지점은 f10자리, 즉 궁성의 귀 자리이다. 그 외통 수순은 다음과 같다.

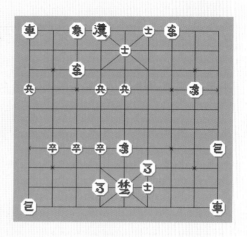

①g차Xf10사장군!! ②e사Xf10차 ③c차d8장군 ④d장e10 ⑤e상g7장군#

①g차Xf10사장군!!　②e사Xf10차　　　③c차d8장군　④d장e10

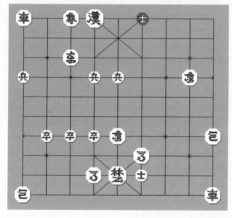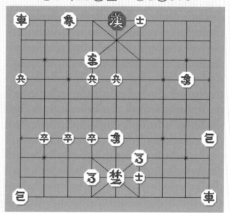

⑤e상g7장군#!!

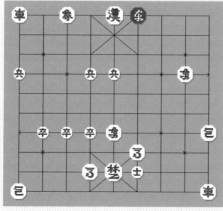

문제 5

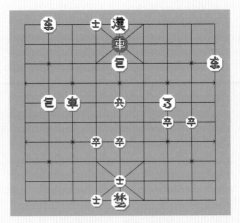

이 문제는 외통 지점인 f8 지점으로 힘을 합세할 때까지 사전 작업이 필요한 총 2단계 전략 문제이다. 일단 1단계에서 좌우진영의 양차로 한왕을 공략하여 f줄로 한왕을 유인하여 2단계에서 초차가 f8지점으로 힘을 모아 이기면 된다. 3수에서 어느 차로 사를 잡아 한왕을 유도하는가의 방향 선택이 아주 중요하다. 반드시 아군의 추가 세력이 있는 쪽으로 적 왕을 모는 것이 중요하다. 그 외통 수순은 다음과 같다.

①i차f10장군 ②e차f10 ③i차Xf10차장군 ④e장f10차 ⑤b차Xd10사장군 ⑥f장f9 ⑦d차f8장군#

①i차f10장군　②e차f10

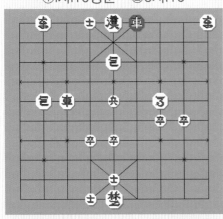

③i차Xf10차장군　④e장f10차

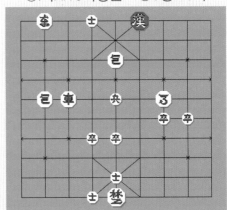

⑤b차Xd10사장군　⑥f장f9

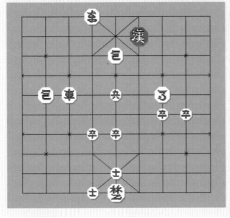

⑦d차f8장군#

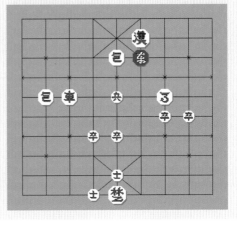

문제 6

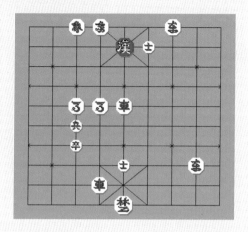

　10선에 있던 차가 d10자리에 들어가 골인 하는 쉬운 문제지만, d10자리에 있던 상이 b7자리로 이동하면서 장군 치는 테크닉은 반드시 익히시길 바란다.
외통 수순은 다음과 같다.

①d10상b7장군 ②e장d9 ③g차d10장군#

①d10상b7장군　②e장d9

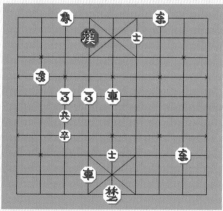

③g차d10장군#

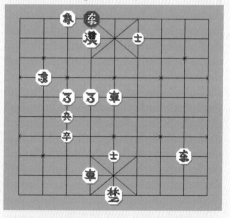

문제 7

이 문제의 상황을 분석해 보자. e줄은 e1초포로 인하여 한왕이 e줄로 도망갈 수 없고, d줄의 d10사로 인해 한왕이 도망갈 수 있는 곳은 현재 아무데도 없다. 초에서는 a차와 d7마를 d8자리에 힘을 모으는 교묘한 수순으로 7수 만에 이긴다. 그 외통 수순은 다음과 같다.

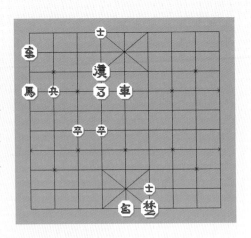

①a차a8장군 ②d장d9 ③d마b8장군 ④d장d8 ⑤b마c10장군++ ⑥d장d9 ⑦a차d8장군#

①a차a8장군 ②d장d9

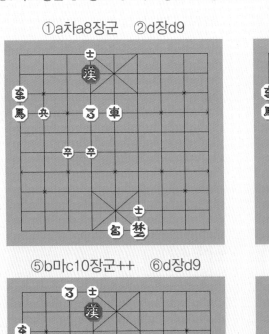

③d마b8장군 ④d장d8

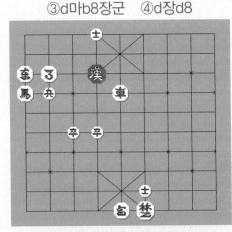

⑤b마c10장군++ ⑥d장d9

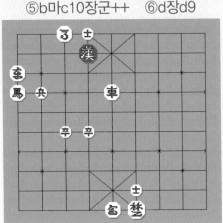

⑦a차d8장군#

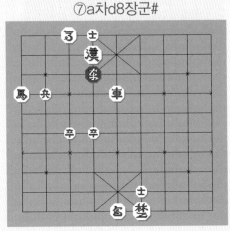

문제 8

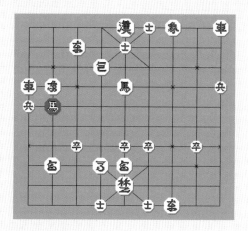

이미 d10지점에 합세를 할 수 있게 되어 있다. b7상은 c9차에 가려져 있으나 이미 d10지점을 겨냥하고 있고 c9차도 호장을 하면 d10에 쉽게 갈 수가 있다.
그 외통 수순은 다음과 같다.

①c차c10장군 ②e사d10 ③c차Xd10사장군#

①c차c10장군　②e사d10

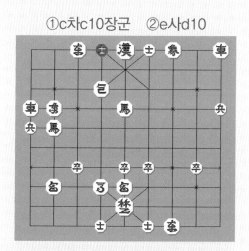

③c차Xd10사장군#

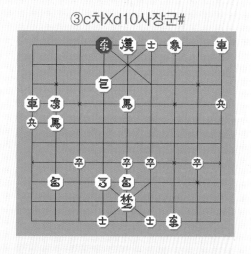

문제 9

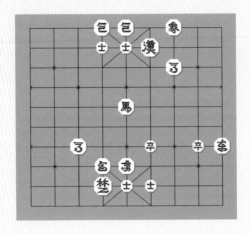

이 문제는 연장군 문제가 아니고 중간에 한 수 건너뛰는 도비연장군 외통수 문제이다. 이 문제의 핵심은 현 상황을 이용하여 한왕을 천궁으로 유도한 후 f8지점에 힘을 모아서 그 지점에서 외통으로 이기는 전략이다. 그 외통 수순은 다음과 같다.

①i차i9장군 ②f장f8 ③g마f6 ④e마Xf4졸 ⑤f마h7장군 ⑥f장e8 ⑦i차i8장군 ⑧e사f8
⑨i차Xf8사장군#

①i차i9장군　②f장f8

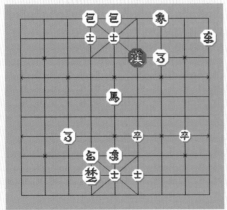

③g마f6　④e마Xf4졸

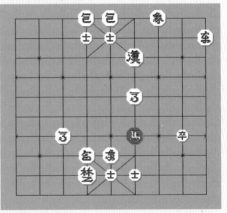

⑤f마h7장군 ⑥f장e8

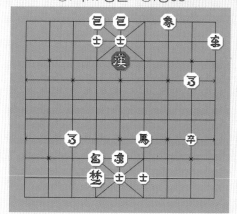

⑦i차i8장군 ⑧e사f8

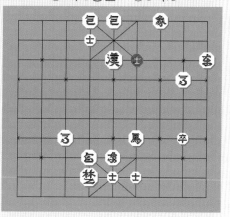

⑨i차Xf8사장군#

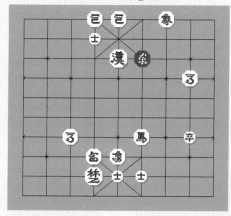

문제 10

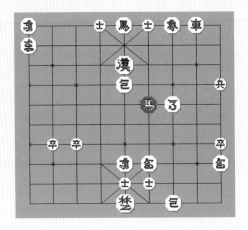

a10상이 이미 d8지점을 겨냥하고 있다. 남은 단계는 a9초차가 호장을 하여 d8 자리에 합류하는 것인데 그 간단한 원리만 알면 쉽게 풀 수 있는 문제이다.

①a9차a8장군 ②e장e9 ③a차d8장군#

①a9차a8장군   ②e장e9   ③a차d8장군#

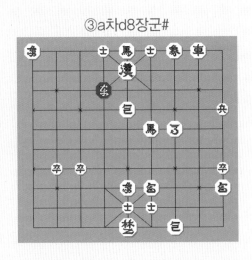

8. 기본형 제8형

외통 기본형 제8형	
외통 전략 분류	**그룹1: 힘의 균형 무너뜨리기 전략: 공격자 수 〉수비자 수**
외통 전략 개요	외통 목표 지점에 공격자의 수를 수비자의 수보다 더 많이 집중하여 이기는 전략
주 외통 공격 기물	주 외통 공격 기물이 차
어시스트 기물	마, 상
외통 지점	외통 지점이 궁의 4군데 면 & 중 (면, 우중, 좌중, 궁하중)

기본형 제 8형의 대표적인 외통 형태는 다음 그림과 같다.

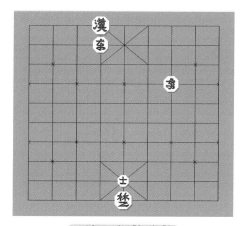

그림29 기본형 제8형

　기본형 제8형의 외통 모양이 숙지가 되었으면 다음의 1~5의 문제를 풀어보도록 한다. 실전 대국 중 이 문제의 상황을 접했다고 생각을 하고 일일이 한 문제씩 외통으로 이기는 수를 찾아본다. 문제도는 모두 초차례이다.

기본형 제8형 (초차례)

문제 1

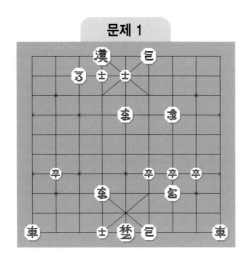

문제 2

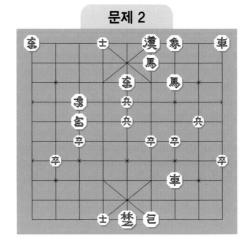

문제 3

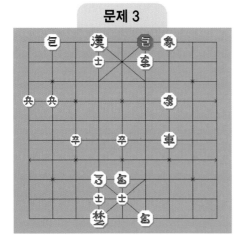

문제 4

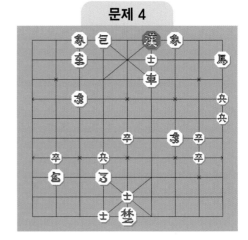

문제 5

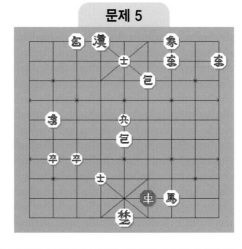

기본형 제8형 해답 (초차례)

문제 1

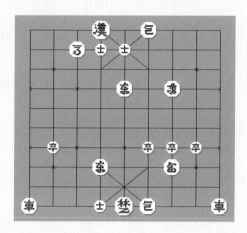

이 문제는 e10부위에 힘을 합세하여 외통으로 이기는 문제이다. 현재 e10부위에 g7상이 힘을 가하고 있으나 e7차의 길을 e9사가 막고 있다. 이 길을 열려면 차의 희생에 의한 멱풀기기술이 필요하다. 첫수로 d차가 d9사를 때리면서 장군을 부르면 e9사가 이 차를 잡아야 하고, 길이 열리면서 e7차가 e10자리를 찌르면서 장군을 쳐서 게임을 끝낸다.

①d차Xd9사장군!! ②e사X d9차 ③e차e10장군#

①d차Xd9사장군!!　②e사Xd9차　　　　　　　　③e차e10장군#

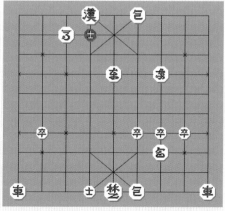

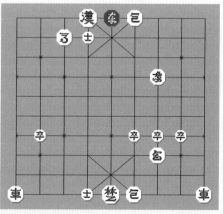

문제 2

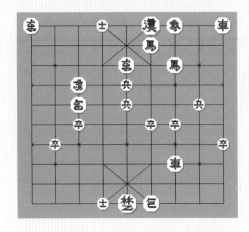

현재 상황을 분석해 보면 e10부위에 힘을 가하는 기물이 이미 다 위치해 있다. 첫 단추만 잘 끼우면 되는 문제인데 첫수는 단순히 e10자리에 들어가 자살을 하는 멋진 희생수이다. 그 외통 수순은 다음과 같다.

①e8차e10장군! ②d10사Xe10차 ③a차Xe10사장군#

①e8차e10장군!　②d10사Xe10차

③a차Xe10사장군#

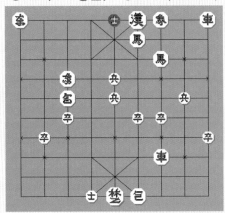
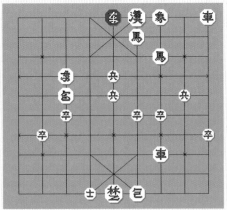

문제 3

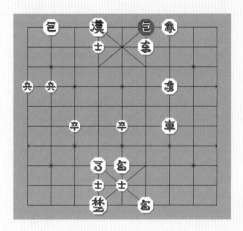

이 문제는 실전에서 자주 나오는데 첫 눈에 그 해답이 잘 보이지 않는다. 힘을 모으는 관점에서 상황을 보면서 눈 훈련을 하면 서서히 잘 보이게 된다. d9자리가 약하므로 이 자리에 힘을 집중시키는 것이 핵심이다. 그 외통 수순은 다음과 같다.

①f차Xd9사장군#

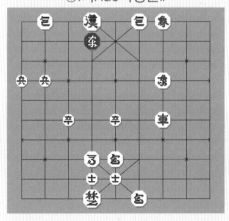

①f차Xd9사장군#

문제 4

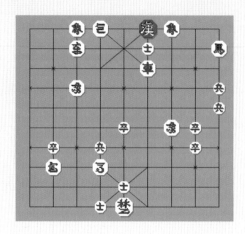

이 문제도 3번 문제와 비슷하나 f8한차가 이 f9 부위를 지키고 있다. 앞에서 나온 수비수이탈 강요기술을 쓰면 간단히 이길 수 있다. 그 외통 수순은 다음과 같다.

①g상i8장군! ②f8차Xi8상 ③c차Xf9사장군#

①g상i8장군! ②f8차Xi8상

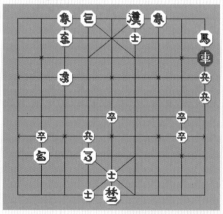

③c차Xf9사장군#

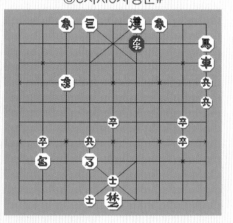

문제 5

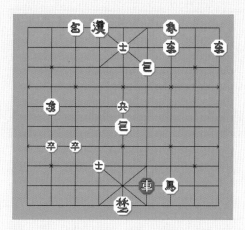

g9차가 g10상을 잡으면서 장군을 부르면 e9사가 이동을 해야 하고 차의 길이 열리면서 d9자리에 초상과 초차가 힘을 합하는 상황이 발생되어 기물의 희생 없이도 자연스럽게 외통 수순이 생긴다. 그 외통 수순은 다음과 같다.

①g차Xg10상장군 ②e사e10 ③i차d9장군#

①g차Xg10상장군   ②e사e10

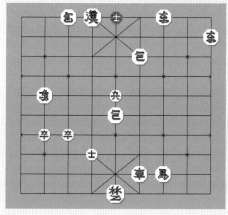

③i차d9장군#

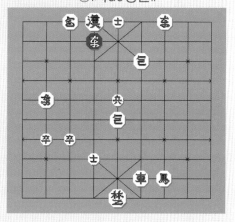

그룹2의 세부 기본형에 대한 설명 및 훈련

다음은 앞에서 분류한 그룹2의 세부 기본형에 대해서 상세히 알아보자.

9. 기본형 제9형

외통 기본형 제9형	
외통 전략 분류	**그룹2: 사면초가 공략 전략**
외통 전략 개요	외통 목표 지점이 상대 궁성의 세 선으로, 적 왕이 자신의 기물에 막혀서 피할 수 없는 외통 상황을 만들어 이기는 전략
주 외통 공격 기물	왕의 피신처를 겨냥하는 모든 기물
어시스트 기물	왕의 피신처를 겨냥하는 모든 기물
외통 지점	외통 지점은 궁의 3개의 선 (8선~10선) **모든 궁성 밖 지점**

기본형 제9형의 대표적인 외통 형태는 다음 그림과 같다.

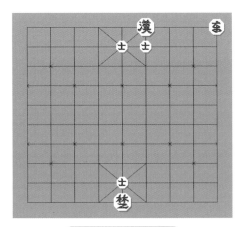

그림30 기본형 제9형

 기본형 제9형의 외통 모양이 숙지가 되었으면 다음의 1~8의 문제를 풀어보도록 한다. 실전 대국 중 이 문제의 상황을 접했다고 생각을 하고 일일이 한 문제씩 외통으로 이기는 수를 찾아본다. 문제도는 모두 초차례이다.

기본형 제9형 (초차례)

문제 1

문제 2

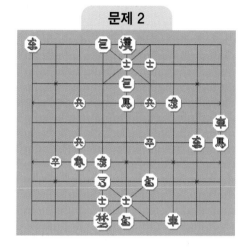

문제 3

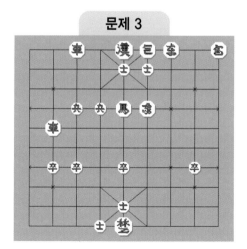

문제 4

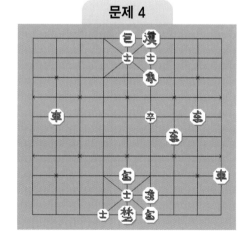

문제 5

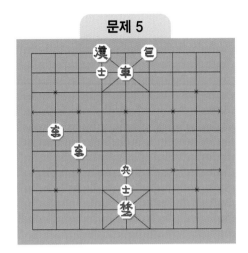

문제 6

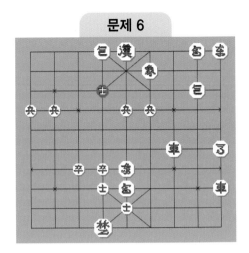

문제 7

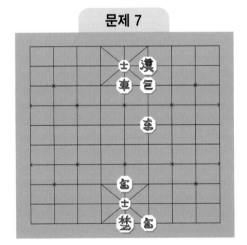

문제 8

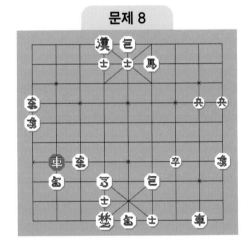

문제 9

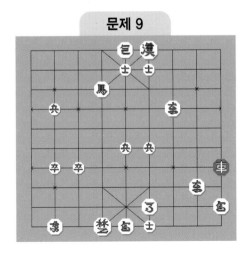

기본형 제9형 해답 (초차례)

문제 1

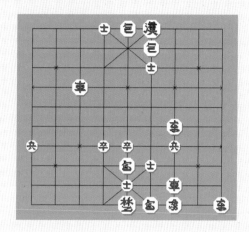

　기본형 제9형의 해법은 10선에 수비수보다 더 많은 공격수를 투입하는 것이다. 이 문제의 상황을 보면 면 줄은 e3포가 장악을 하고 있는 상태에서 우측에 초의 차가 2개가 있고 차장군을 막는 기물이 e10포 하나이므로 쉽게 외통으로 이길 수 있다. 일단 첫수로 차를 희생해야 하는데 두 개의 차 중 초의 i차로 먼저 장군을 불러야 이길 수 있다. 그 외통 수순은 다음과 같다.

①i차i10장군! ②e포Xi10차 ③g차g10장군#

①i차i10장군!　②e포Xi10차

③g차g10장군#

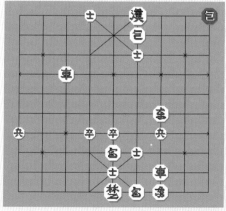

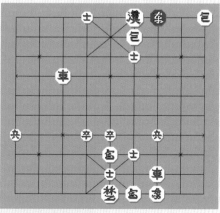

문제 2

이 문제의 시작도와 그 풀이 과정을 달 달 외우면 실전에서 아주 유용하게 써 먹을 정도로 자주 나오는 형태이다. 우선 우측의 h차로 호장을 하게 되면 g7상에 사가 묶여있어서 e9사로 막아야 하고 g10차가 f10사를 잡고 들어가면 상에 의해 묶여있는 f9사로 차를 잡을 수 없어서 한왕이 직접 움직여야 한다. 그렇게 되면 좌측에 있

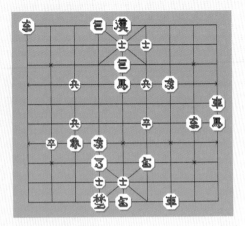

던 a차가 d포를 잡으면서 궁성에 진입하여 묘한 외통 형태가 생긴다. 그 수순은 아래와 같다. 한 수 한 수 의미를 음미하면서 암기할 정도로 복기하기 바란다.

①h차h10장군 ②e사f10 ③h차Xf10사장군!! ④e장Xf10차 ⑤a차Xd10포장군#

①h차h10장군 ②e사f10   ③h차Xf10사장군!! ④e장Xf10차

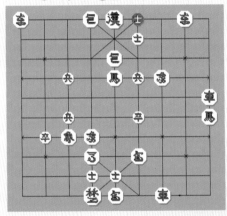 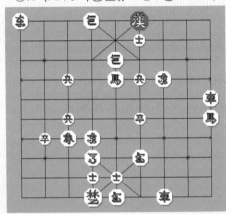

⑤a차Xd10포장군#

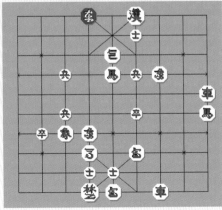

문제 3

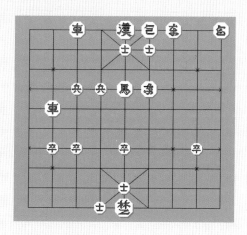

상황을 분석해 보자. 10선의 우측에 초의 차와 포가 포진되어 있고 f줄에 상이 있다. 이 문제는 차를 희생하여 한왕을 f10자리로 유인하여 10선에서 포장군으로 이기면 되는 문제다. 그 유인 과정을 잘 기억하였다가 실전에서 응용하면 아주 잘 써 먹을 수 있다. 해답 수순은 다음과 같다.

①g차Xf10포장군! ②e장Xf10차 ③6상h10장군#

①g차Xf10포장군!　②e장Xf10차　　　　　③6상h10장군#

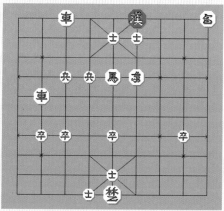

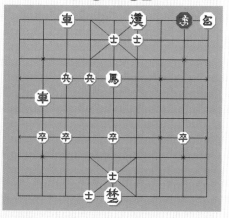

문제 4

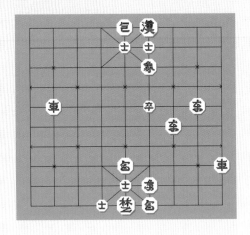

이 문제는 1번 문제와 해법의 발상이 동일하다. g초차와 h초차 중 h초차로 e10 한포를 유인한 후 g차가 장군을 불러서 외통으로 이기면 된다. 그 원리만 이해하면 이런 유형의 문제는 단 몇 초에 해법이 나올 수 있다. 해답 수순은 다음과 같다.

①h차h10장군! ②e포Xh10차 ③g차g10장군#

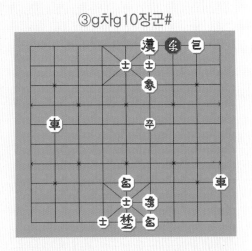

문제 5

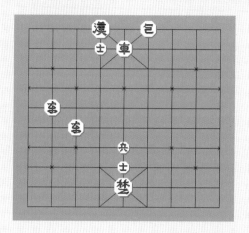

4번 문제와 아주 유사한 상황이다. 우선 b차로 f10한포를 수비수이탈 강요하고 포가 b차를 잡으면 c차로 장군을 불러서 이긴다.

①b차b10장군 ②f포Xb10차 ③c차c10장군#

①b차b10장군   ②f포Xb10차

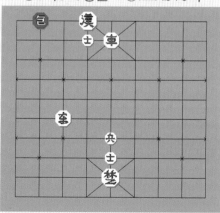

③c차c10장군#

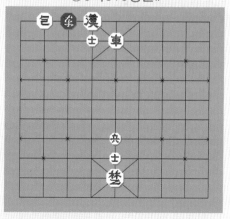

문제 6

이 문제는 양수겸장 & 뜰장 & 차단기술을 이용하여 10선에서 차장군으로 이기는 문제이다. 첫수로 e4상이 c7로 이동하면서 양수겸장인 상장군과 포장군을 부르면 한왕이 f10으로 움직일 수 밖에 없고 그 다음 준비된 수인 h10포가 e10자리로 이동하여 d10포를 차단함과 동시에 뜰장을 부르면 한에서는 한왕이 피신할 수가

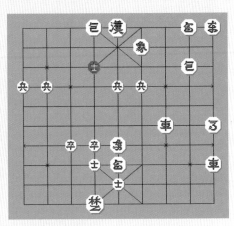

없어서 g5한차로 막아야 하지만 역부족이다. 그 해답 수순은 다음과 같다.

①e4상c7장군++! ②e장f10 ③h포e10장군! ④g5차g10 ⑤i차Xg10차장군#

①e4상c7장군++! ②e장f10

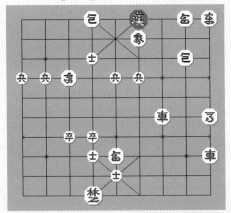

③h포e10장군! ④g5차g10

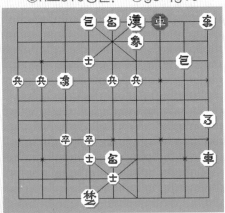

⑤i차Xg10차장군#

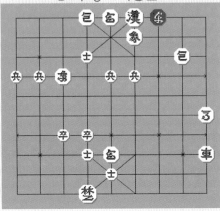

문제 7

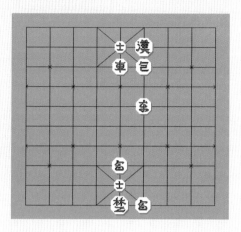

이 문제는 3번 문제와 발상이 비슷한 문제다. 우선 첫수로 f차가 f8포를 잡으면서 한왕을 천궁으로 유인한 후 f1포를 이용하여 포장군으로 이기는 문제이다. 그 외통 수순은 다음과 같다.

①f차Xf8포장군! ②f장Xf8차 ③e사f3장군#

①f차Xf8포장군! ②f장Xf8차   ③e사f3장군#

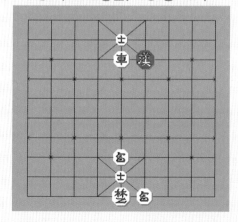

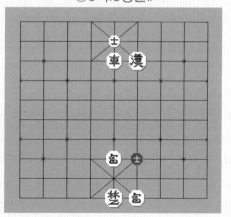

문제 8

이 문제는 1, 4, 5문제와 유사한데 실전에서 자주 나오는 형태이다. 첫수로 a9차가 장군을 부르면 외길 수순으로 이길 수 있다. 10선에 있는 한왕이 우형이고 방어가 허술하여서 한이 쉽게 무너진다.

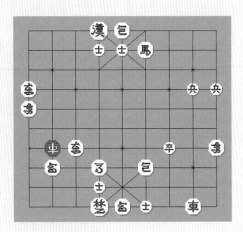

①a차a10장군 ②그 다음 한차가 막고 ③초차 때리고 ④한포잡고 ⑤마지막으로 초차가 끝선 장군승#

①a차a10장군　②b차b10

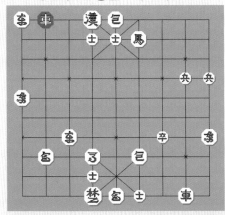

③a차Xb차　④c10포Xb차

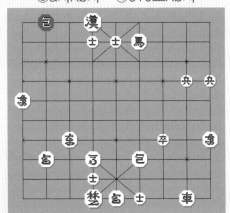

⑤c차장군#

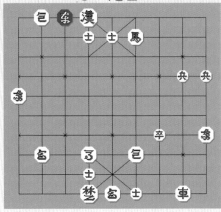

문제 9

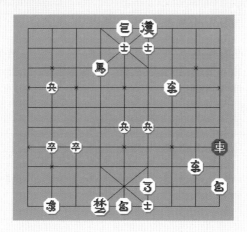

이 문제도 앞의 문제와 유사하다. 이렇게 왕이 피신할 수 없이 꼼짝 못하게 된 형태를 안 만드는 것이 중요하다. 이런 형태에서는 수비수보다 하나 더 공격수를 투입하면 즉시 게임이 끝날 수 있으니 각별히 조심해야 한다. 해답 수순은 다음과 같다.

①h차h10장군 ②e포Xh10차 ③g차g10장군#

①h차h10장군   ②e포Xh10차   ③g차g10장군#

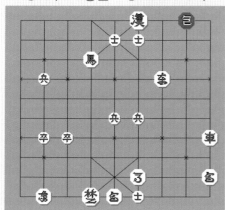 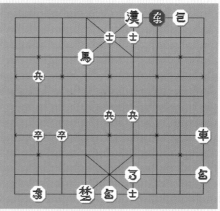

10. 기본형 제10형

외통 기본형 제10형	
외통 전략 분류	**그룹2: 사면초가 공략 전략**
외통 전략 개요	외통 목표 지점이 상대 궁성의 세 선으로, 적 왕이 자신의 기물에 막혀서 피할 수 없는 외통 상황을 만들어 이기는 전략으로 왕이 불안한 위치에 있다
주 외통 공격 기물	왕의 피신처를 겨냥하는 모든 기물
어시스트 기물	왕의 피신처를 겨냥하는 모든 기물
외통 지점	외통 지점은 궁의 3개의 선 (8선~10선) **모든 궁성 안 지점**

기본형 제 10형의 대표적인 외통 형태는 다음 그림과 같다.

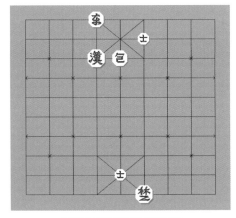

그림31 기본형 제10형

 기본형 제10형의 외통 모양이 숙지가 되었으면 다음의 1~7의 문제를 풀어보도록 한다. 실전 대국 중 이 문제의 상황을 접했다고 생각을 하고 일일이 한 문제씩 외통으로 이기는 수를 찾아본다. 문제도는 모두 초차례이다.

기본형 제10형 (초차례)

문제 1

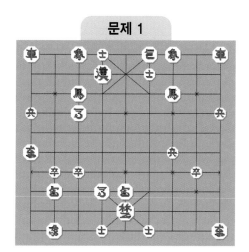

문제 2

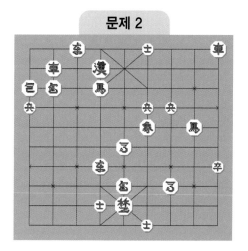

문제 3

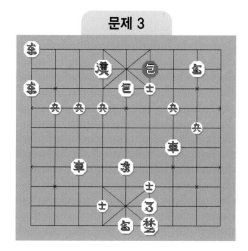

문제 4

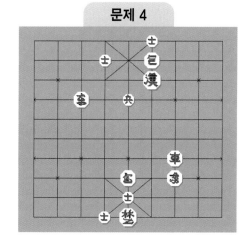

문제 5

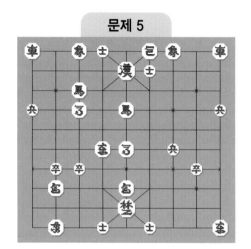

문제 6

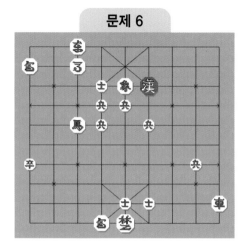

문제 7

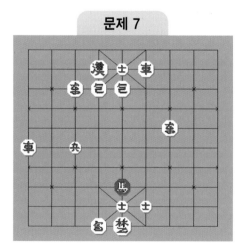

기본형 제10형 해답 (초차례)

문제 1

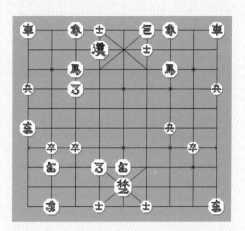

한왕의 d줄이 허전하게 비어있다. 이를 이용하여 첫수로는 초차를 이용하여 d줄에서 호장을 하여 한왕을 e줄로 쫓고 양수겸장으로 계속 추격을 하면 천궁 된 한왕을 쉽게 잡을 수 있다. 술래잡기가 연상되는 문제이다. 그 해답 수순은 다음과 같다.

①a차d5장군 ②d장e9 ③d마e5장군 ④g상e7 ⑤e마f7장군++ ⑥e장f8 ⑦d차d8장군#

①a차d5장군 ②d장e9

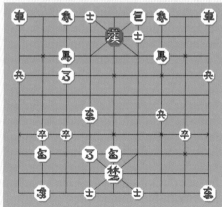

③d마e5장군 ④g상e7

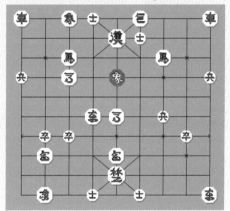

⑤e마f7장군++ ⑥e장f8

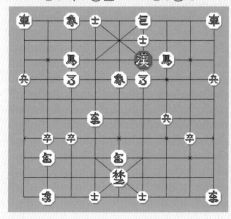

⑦d차d8장군#

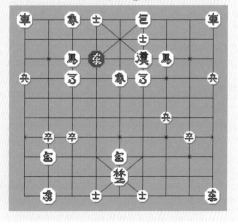

문제 2

이 문제는 제10형의 전형적인 문제이다. 첫수로 d차를 희생하여 한왕을 천궁으로 유인한 후 10선에 있던 c10차를 이용해 외통으로 이긴다. 그 수순은 다음과 같다. 처음에 문제를 못 풀었다 해도 해답을 계속 반복해서 외울 때까지 익히면 반드시 실전에서 써먹을 수 있을 것이다.

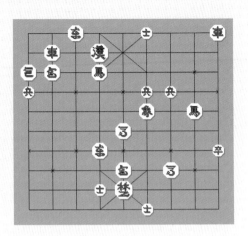

①d차Xd8마장군! ②d장Xd8차 ③c차d10장군 ④b차d9 ⑤d차t8장군#

①d차Xd8마장군! ②d장Xd8차

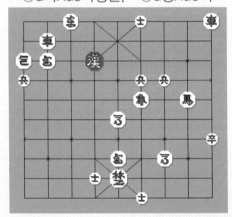

③c차d10장군 ④b차d9

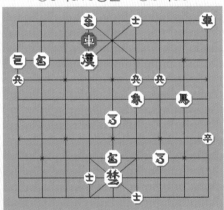

⑤d차t8장군#

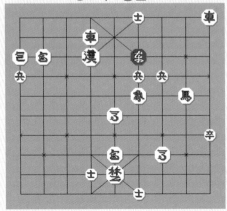

문제 3

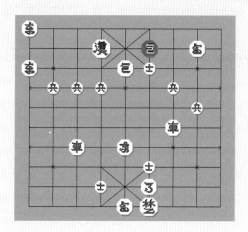

이 문제는 유인기술을 이용하면 쉽게 풀 수 있는 문제이다. 아무 이득 없이 a8차
를 d8에 단순희생 시키는 첫수가 묘수가 되고 3수에서 10선에 있는 a10차가 d10
에 오면서 천궁우형을 이용하면 간단히 이긴다. 그 외통 수순은 다음과 같다.

①a차d8장군! ②d장Xd8차 ③a차d10장군#

①a차d8장군!　②d장Xd8차   ③a차d10장군#

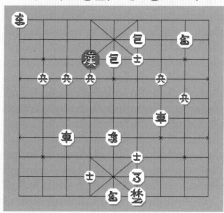

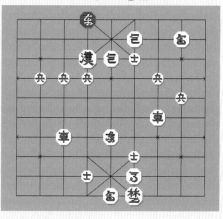

문제 4

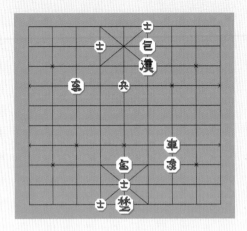

이 문제는 1번 문제와 유사하다. 천궁이 되어 있는 우형을 공략하면 된다. d사가 막아 보지만 역부족이다. 해답 수순은 다음과 같다.

①c차c8장군 ②d사d8 ③c차Xd8사장군#

①c차c8장군　②d사d8

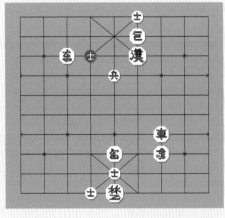

③c차Xd8사장군#

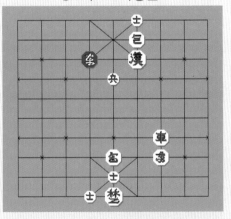

문제 5

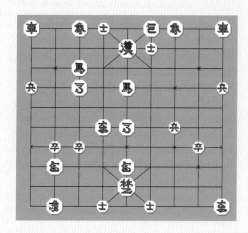

이 문제도 1번 문제와 비슷한 발상을 요한다. 첫수로 마가 양수겸장을 불러서 한 왕을 f8 위치인 천궁으로 유도하면 외길 수순으로 이길 수 있다. 해답 수순은 다음 과 같다.

①e마f7장군++ ②e장f8 ③d차d8장군#

①e마f7장군++　②e장f8

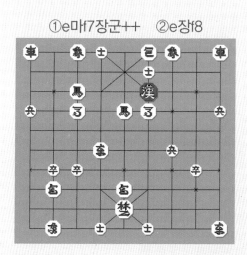

③d차d8장군#

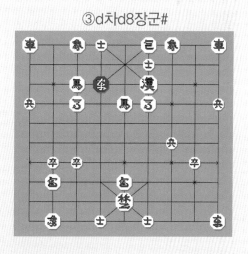

문제 6

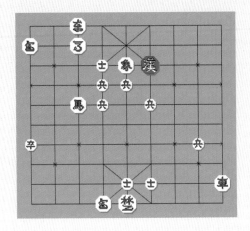

이미 한왕이 천궁이 되어 있는 우형의 모양이다. 이 문제는 누구나 풀 수 있으리라 생각되나 그 형태를 기억할 필요가 있어서 문제에 넣은 것이다. 의외로 이 모양이 초급자 실전 대국에서 많이 나온다. 장기는 기물이 움직이는 게임이어서 왕이 움직이고 나서의 형태를 수읽기 하여 이렇게 차장군을 당할 수 있는지 단 1수 수읽기라도 신중히 해야 한다. 해답 수순은 다음과 같다.

①c차f10장군#

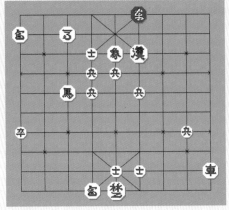

①c차f10장군#

문제 7

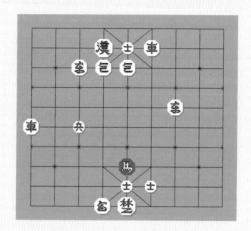

　이 문제의 상황도 중급자 대국에서 자주 나온다. 첫수로 c8차Xd8포 하여 한왕을 천궁으로 강제로 강요하는 묘수가 금새 보이면 그 다음은 간단히 마무리 하면 된다. 이런 3수 외통수를 염두에 두고 c차와 g차를 사전에 장군을 칠 수 있는 위치에 미리 사전 배치하는 외통 전략을 짜는 실력을 기르기 바란다.

　해답 수순은 다음과 같다.

①c차Xd8포장군‼ ②d장Xd8차 ③g차d6장군#

①c차Xd8포장군‼ ②d장Xd8차　　　　　　　　　③g차d6장군#

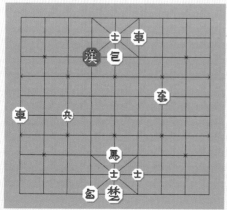
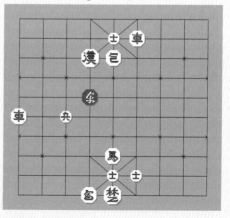

11. 기본형 제11형

외통 기본형 제11형	
외통 전략 분류	**그룹2: 사면초가 공략 전략**
외통 전략 개요	외통 목표 지점이 상대 궁성의 세 선으로, 적 왕이 자신의 기물에 막혀서 피할 수 없는 외통 상황을 만들어 이기는 전략
주 외통 공격 기물	주 공격 기물은 마, 상
어시스트 기물	왕의 도피처를 겨냥하는 모든 기물
외통 지점	호장을 부를 수 있는 **모든 궁성 밖 지점**

기본형 제 11형의 대표적인 외통 형태는 다음 그림과 같다.

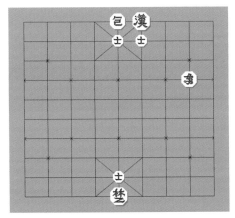

그림32 기본형 제11형

 기본형 제11형의 외통 모양이 숙지가 되었으면 다음의 1~4의 문제를 풀어보도록 한다. 실전 대국 중 이 문제의 상황을 접했다고 생각을 하고 일일이 한 문제씩 외통으로 이기는 수를 찾아본다. 문제도는 모두 초차례이다.

기본형 제11형 (초차례)

문제 1

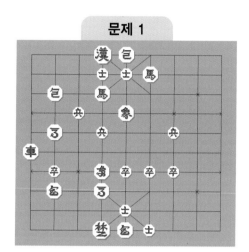

문제 2

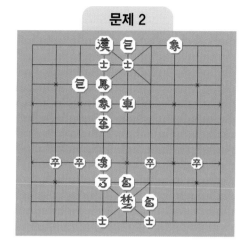

문제 3

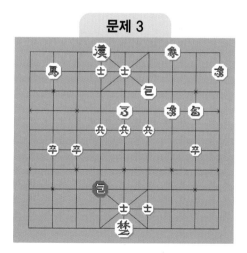

문제 4

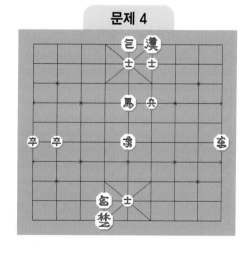

기본형 제11형 해답 (초차례)

문제 1

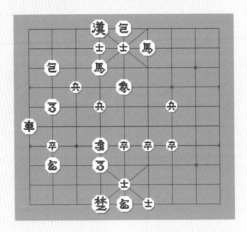

이 기본형 제11형은 너무 형세가 좋아서 방심하거나, 주의가 산만할 때 주로 당하는 외통 형태이고 정신을 바짝 차리면 사전에 잘 방비할 수 있다. 이런 외통 형태도 있다는 것을 알려 주려고 문제에 넣은 것이다. 초읽기에 몰리고 긴박한 대국 상황에서는 의외로 이런 모양도 잘 안 보이는 경우가 있으니 여기 있는 문제를 풀어 보고 대국에서 안 당하도록 형태를 익히기 바란다. 이런 형태의 외통을 당하면 한왕 입장에서는 질식사를 당하는 것이다. 한왕은 피할 데가 없어서 어느 기물이나 장군을 부르면 외통수가 나올 수 있는 상황이다. 이런 모양에서는 마나 상이 위력적이 된다. 수순은 다음과 같다.

①b마c8장군#

①b마c8장군#

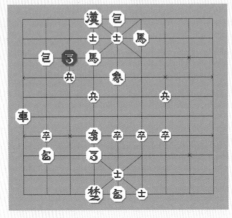

문제 2

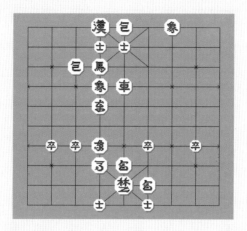

귀윗상으로 장군을 치는 자리를 잘 기억해 두기 바란다. 한왕은 꼼짝도 못하고 목 졸려 죽게 된다. 그 해답은 다음과 같다.

①d상b7장군#

①d상b7장군#

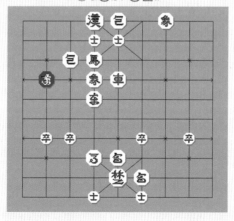

문제 3

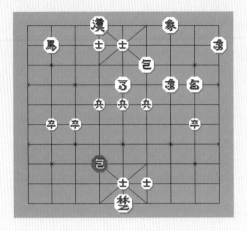

g7상이 e10자리를 노리고 있어서 e7마가 c8자리로 가서 마장군을 치면 외통이
된다. 그 해답은 다음과 같다.

①e마c8장군#

①e마c8장군#

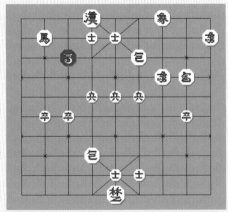

문제 4

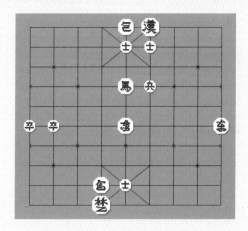

이런 기습적인 상장군 수를 노림수로 노리는 것이 실전에서 종종 나온다. 이 모양을 잘 기억해 두면 유익하다. 한에서는 이런 질식사의 외통을 당하지 않도록 피신처를 항상 준비해 두는 것이 중요하다. 그 해답은 다음과 같다.

①e상h7장군#

①e상h7장군#

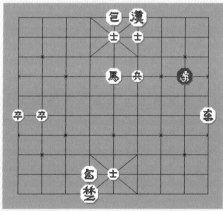

12. 기본형 제12형

외통 기본형 제12형	
외통 전략 분류	그룹2: 사면초가 공략 전략
외통 전략 개요	궁 중앙에 궁중마, 궁중포, 궁중상등이 있는 우형에서 적 왕이 자신의 기물에 막혀서 피할 수 없는 외통 상황을 만들어 이기는 전략
주 외통 공격 기물	주 공격 기물은 주로 차와 모든 다른 기물
어시스트 기물	왕의 도피처를 겨냥하는 모든 기물
외통 지점	궁의 3개의 선 (8선~10선) 궁성 안과 밖

기본형 제 12형의 대표적인 외통 형태는 다음 그림과 같다.

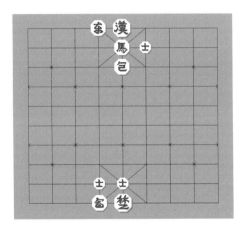

그림33 기본형 제12형

기본형 제12형의 외통 모양이 숙지가 되었으면 다음의 1~5의 문제를 풀어보도록 한다. 실전 대국 중 이 문제의 상황을 접했다고 생각을 하고 일일이 한 문제씩 외통으로 이기는 수를 찾아본다. 문제도는 모두 초차례이다.

기본형 제12형 (초차례)

문제 1

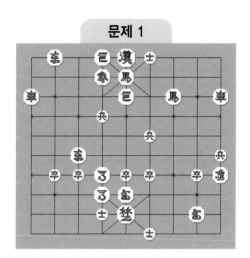

문제 2

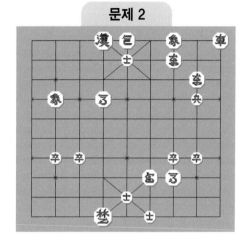

문제 3

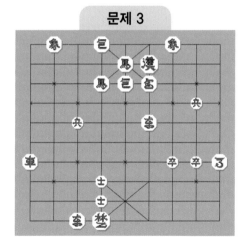

문제 4

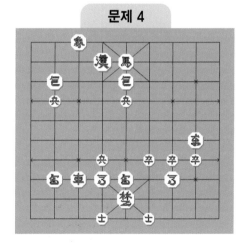

문제 5

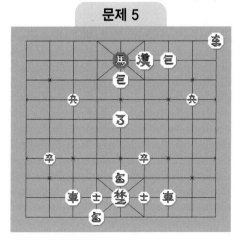

기본형 제12형 해답 (초차례)

문제 1

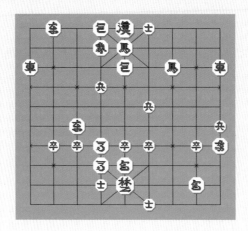

첫수로 차X포로 한왕을 d10자리로 유인한 후 다시 c차로 호장을 하면 쉽게 이길 수 있다. 이런 유인 수법을 잘 기억해 두면 좋다. 그 수순은 다음과 같다.

①b차Xd10포장군! ②e장Xd10차 ③c차c10장군#

①b차Xd10포장군! ②e장Xd10차

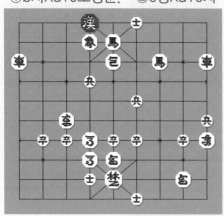

③c차c10장군#

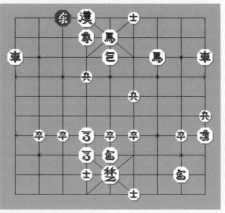

문제 2

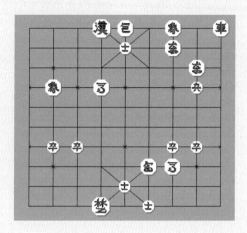

이 문제는 차를 희생하여 궁중상을 유도한 후 8선에 있는 h8차가 마무리를 하면 쉽게 풀 수 있다. 이렇게 희생을 하더라도 모양을 만들어 가면서 장기를 두는 수법을 잘 익히면 장기 실력이 금새 좋아진다. 해답 수순은 다음과 같다.

①g차X e9사장군! ②b상X e9차 ③h차d8장군#

①g차X e9사장군!   ②b상X e9차

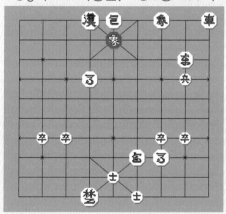

③h차d8장군#

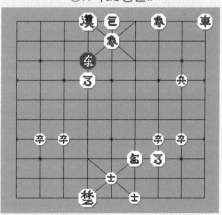

문제 3

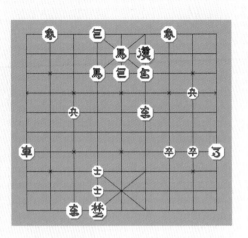

첫수로 f포를 귀환시킨 후 f줄을 공략하면 5수 만에 이기는 수가 있다. 궁중마의 우형으로 인하여 한의 궁수비가 허술하다. 그 해답 수순은 다음과 같다.

①f포f1장군 ②d포f8 ③f차Xf8포장군! ④f장Xf8차 ⑤g졸f4장군#

①f포f1장군　②d포f8

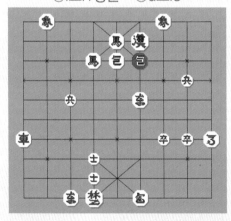

③f차Xf8포장군!　④f장Xf8차

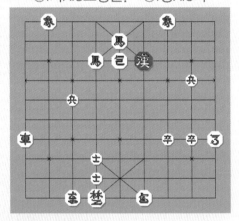

⑤g졸f4장군#

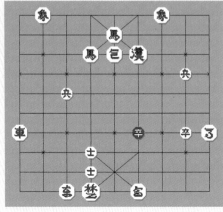

문제 4

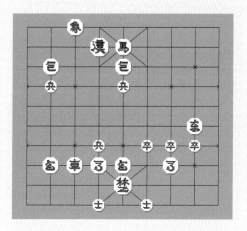

한 궁성의 한 중간에 궁중마가 있으면 왕 앞이 약해진다. 이 상황에서는, 특히 d
줄이 약하다. 이런 우형을 응징하려면 d줄을 차로 공략하면 한에서는 막기가 곤란
하다. 그 첫수는 차장군을 치고 d줄을 초토화시킨다. 해답 수순은 다음과 같다.

①h차d5장군 ②e병d7 ③d차Xd7병장군#

①h차d5장군   ②e병d7   ③d차Xd7병장군#

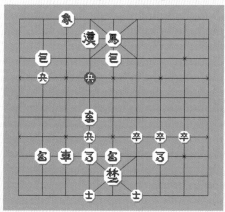

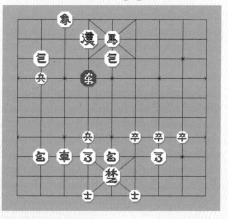

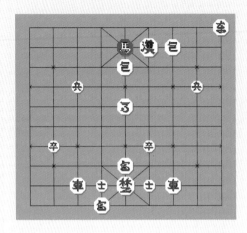

이 모양도 잘 기억해 두시기 바란다. 상황을 보면 10선에 i10차가 있고 f8자리를 초마가 노리고 있어서 피할 데가 없고 한마가 궁 중앙인 왕자리에 앉아 있는 한심한 우형이니 쉽게 질 수 밖에 없다. 간단히 포장군을 부르면 궁중마로 인해 한왕이 쉽게 잡힌다. 여기에는 해답이 둘인데 ①d1포f3도 해답이 되고 ①d1포d9로 포장을 쳐도 이길 수 있다. 해답 수순은 다음과 같다.

①d포f3장군#

①d포f3장군#

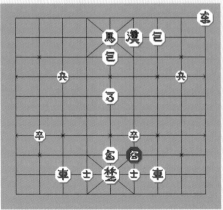

그룹3의 세부 기본형에 대한 설명 및 훈련

다음은 앞에서 분류한 그룹2의 세부 기본형에 대해서 상세히 알아보자.

13. 기본형 제13형

외통 기본형 제13형	
외통 전략 분류	그룹3: 적 왕 도피처 봉쇄 전략
외통 전략 개요	적 왕이 피할 곳을 전부 차단하여 이기는 전략 (왕 부동)
주 외통 공격 기물	주로 차와 모든 다른 기물
어시스트 기물	모든 공격 기물
외통 지점	모든 지점

기본형 제13형의 대표적인 외통 형태는 다음 그림과 같다.

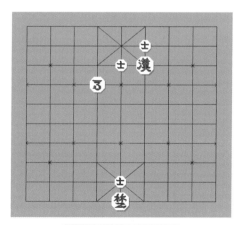

그림34 기본형 제13형

기본형 제13형의 외통 모양이 숙지가 되었으면 다음의 1~15의 문제를 풀어보도록 한다. 실전 대국 중 이 문제의 상황을 접했다고 생각을 하고 일일이 한 문제씩 외통으로 이기는 수를 찾아본다. 문제도는 모두 초차례이다.

기본형 제13형 (초차례)

문제 1

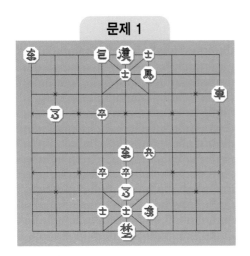

문제 2

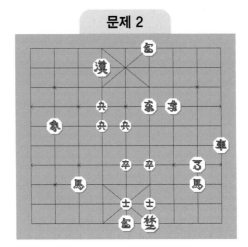

문제 3

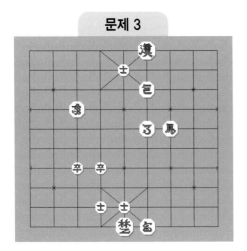

문제 4

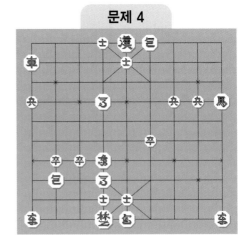

문제 5

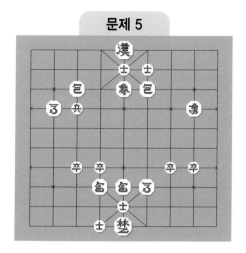

문제 6

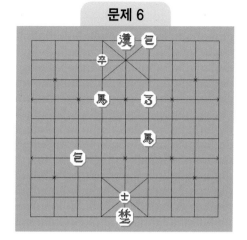

문제 7

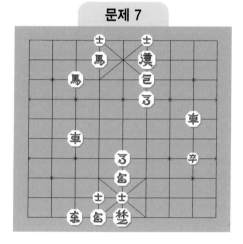

문제 8

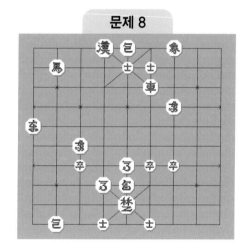

문제 9

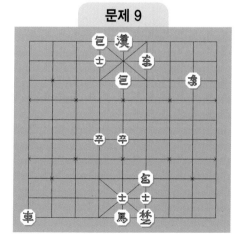

문제 10

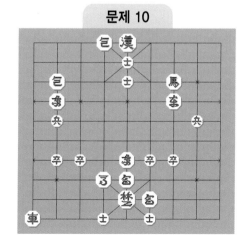

문제 11

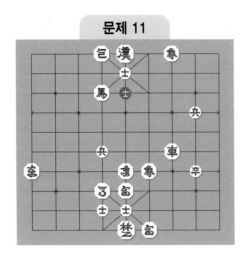

문제 12

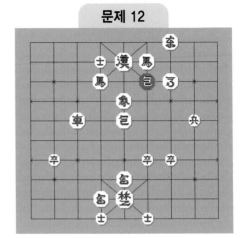

문제 13

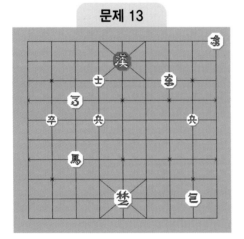

문제 14

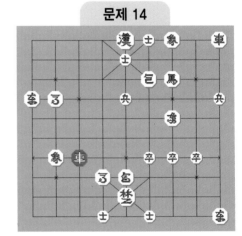

문제 15

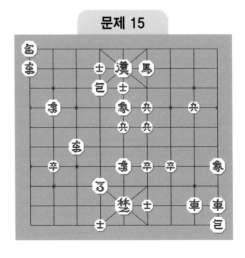

기본형 제13형 해답 (초차례)

문제 1

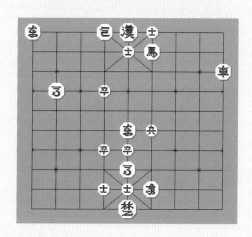

실전에서 잘 나오는, 왕이 움직일 수 없는 '부동 형태'를 이 기본형 문제에서 거의 다 모았다. 이 '부동 형태'에서 이기는 모양을 숙지하면 실전에서 많은 도움이 될 것이다. 이 문제의 상황을 보면 한왕이 꼼짝도 할 수 없는 상황이고 면 줄 (e줄)도 초차에 의해 묶여있는 상황이다. b7 초마로 장군을 치는 위치가 중요하다. 한의 차가 노리고 있기 때문이다. 그 해답은 다음과 같다.

①b마c9장군#!!

①b마c9장군#!!

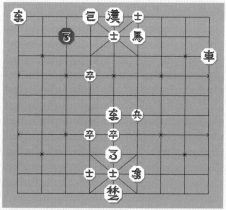

문제 2

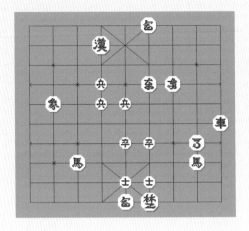

한 궁성에 사가 하나도 없는 민궁이다. 이런 궁성에 f8자리 같은 귀에 차가 붙으면 적 왕은 '부동 형태'가 된다. 이 때는 호장 기물 하나만 있으면 외통으로 이길 수 있다. 본 문제가 바로 그 경우이다. 해답 수순은 다음과 같다.

①f차f8장군#

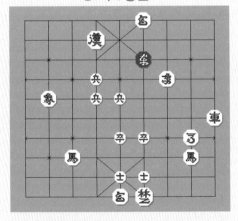

①f차f8장군#

문제 3

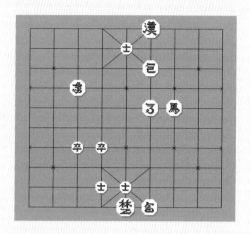

이 모양도 잘 기억해 두면 실전에서 유용하게 쓸 수 있다. 한왕이 f10에 있을 때 초상이 c7자리, 즉 왕과 대각선 위치에 있으면 한왕이 갈 데가 없는 부동 형태가 되므로 이런 모양에서는 한왕이 도망갈 수 있게 중앙을 비워두어야 외통을 피할 수 있다. 그렇지 않으면 이 때는 어떤 기물이라도 장군을 부르면 이길 수 있다.

해답은 다음과 같다.

①f마g8장군#!

①f마g8장군#!

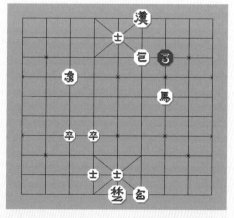

문제 4

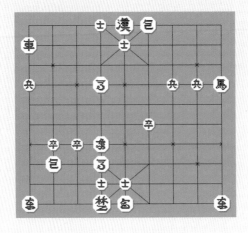

이 문제는 1번 문제와 유사 문제다. 한왕 주변 상황을 보면 e줄이 묶여 있고 한왕이 움직일 수 없는 부동 형태다. 초마가 장군을 치는 위치만 주의 깊게 선택하면 된다. c9와 f8 자리에서 마장군을 부르는 수가 있는데 c9자리는 한차가 있으므로 절대로 피해야 한다. 초보자들이 흔히 하기 쉬운 실수가 이런 것인데 다 이겼다 방심하면 다 잡은 고기를 놓칠 수 있으니 이런 점을 꼼꼼히 챙겨야 실수 없이 이길 수 있다. 해답 수순은 다음과 같다.

①d마f8장군#

①d마f8장군#

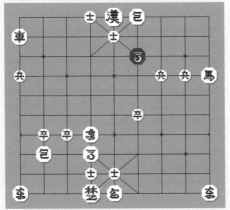

문제 5

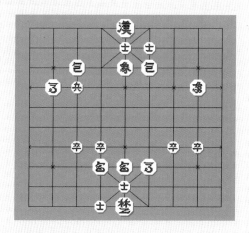

4번 문제와 동일한 발상을 요하는 문제. 해답은 다음과 같다. 해답 수순은 다음과 같다.

①b마c9장군#!

①b마c9장군#!

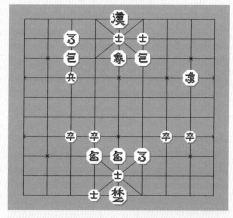

문제 6

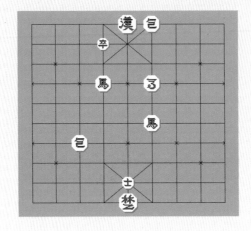

 한 입장에서는 초졸의 입궁만 막으면 된다고 생각하여 d7마만 믿고 있는데 한왕의 위치가 부동인 점을 고려하면 초에서는 아직도 이기는 외통수가 남아 있다. 자신의 포로 인해 막혀서 어이없이 마장군에 패한다. 그 해답은 다음과 같다.

①f마g9장군#

①f마g9장군#

문제 7

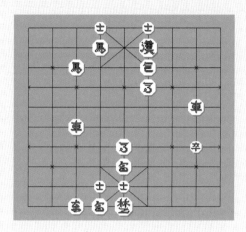

이 문제도 6번 문제와 비슷한 상황이다. 궁성 f줄에 사와 포가 한왕의 도피처를
다 차지하고 있어서 마장군에 어이없이 한왕이 죽게 된다. 초에서는 마장군을 치
는 위치에 주의해야 한다. h8로 장군을 치면 안 된다. 해답은 다음과 같다.

①f마d8장군#

①f마d8장군#

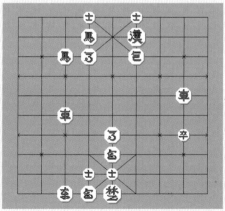

문제 8

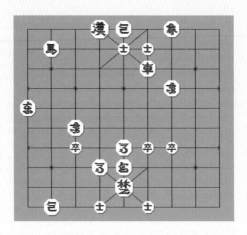

g7 초상의 위치가 한왕의 대각선 위치에 있다는 것을 이용하여 이기는 수순이 있다. 첫수로 a차가 d줄을 장악한 뒤 한차로 막으면 묶인 한차를 조롱하듯이 또 다른 상으로 호장을 하면 이긴다. 그 수순은 다음과 같다.

①a차d6장군 ②f차d8 ③c상a8장군#!

①a차d6장군　②f차d8

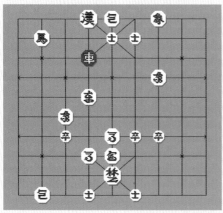

③c상a8장군#!

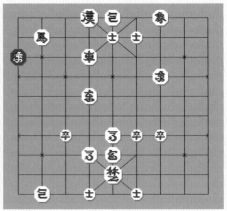

문제 9

상과 차의 합동작전을 감상하는 문제이다. h8상의 멱을 막고 있는 초의 f9차가 뜰장을 이용하여 한의 사와 포를 잡고 한 왕을 f줄로 유배시켜 f줄에서 포장군으로 이기면 된다. 이때 사용되는 주요 전술이 뜰장이다. 해답 수순은 다음과 같다.

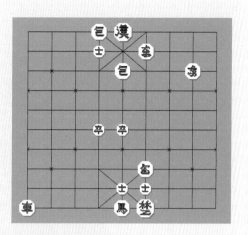

①f차Xd9사장군 ②e장f10 ③d차Xd10포장군 ④f장f9 ⑤h상f5장군#!

①f차Xd9사장군 ②e장f10

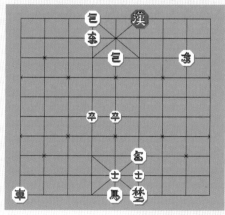

③d차Xd10포장군 ④f장f9

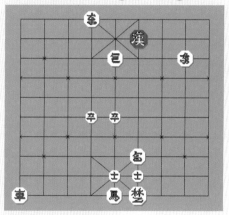

⑤h상f5장군#!

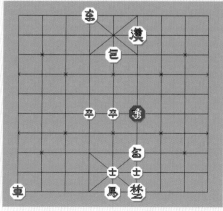

문제 10

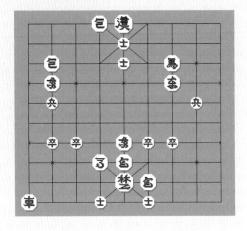

이 문제의 모양은 실전에서 자주 나오는 모양이므로 꼭 기억해 두길 권한다. 한왕이 피할 곳이 없고, 막을 수도 없고 장군을 치는 c7상을 잡을 기물도 없으니 한이 한 방에 지게 된다. 상황을 분석하자면 한에서도 노림수가 있어서 a1한차가 d1사를 잡으면서 외통으로 이기려는 찰나에 초에서 단 한 수로 한왕을 케이오 시키는 수가 ①e상c7장군#‼ 이다.

①e상c7장군#‼

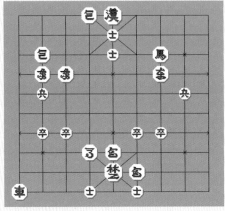

문제 11

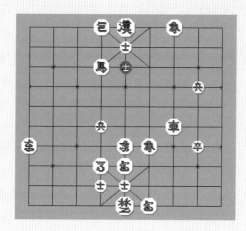

이 문제는 앞에서 10번 문제와 거의 같은 문제여서 쉽게 풀 수 있으리라 믿는다.
해답은 다음과 같다.

①e상c7장군#

①e상c7장군#

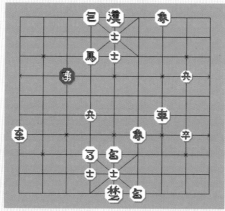

문제 12

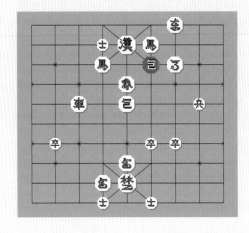

첫수로 차가 f10자리를 찌르는 수를 찾기가 쉽지 않을 것 같다. f8포가 잡으면 어떻게 하나 하겠지만 그 포는 g8초마로 인해 묶여 있어서 움직일 수 없다. 이를 이용해 이기는 수순은 다음과 같다.

①g차f10장군 ②e장e8 ③g마f6장군#

①g차f10장군 ②e장e8

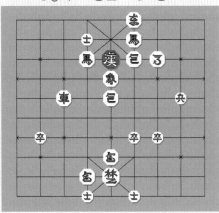

③g마f6장군#

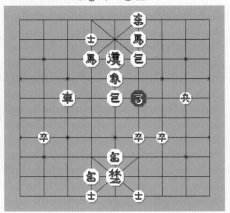

문제 13

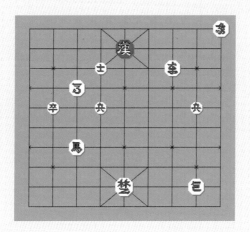

이 모양도 실전에서 자주 나오는 모양이다. 초차가 i상의 도움으로 f줄 귀에 붙어
서 한왕을 부동으로 만든 후 상장군으로 이기는 외통 모양이 나온다.
해답 수순은 다음과 같다.

①g차f8장군 ②e장e10 ③i상g7장군#

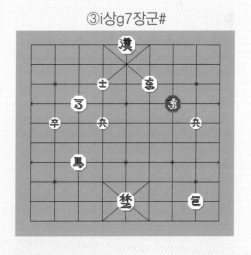

①g차f8장군   ②e장e10   ③i상g7장군#

문제 14

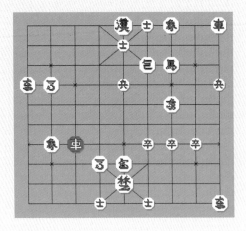

 이 문제는 앞의 1번, 5번, 11번 문제와 유사하나 일단 한왕이 도피할 곳이 한 군데 있다는 점에서 다르다. 첫수로는 한왕이 도피할 곳이 없게 봉쇄를 강요하는 a차 장군을 부르는 것이다. 그 후 마장군으로 마무리 하는데 마장군을 부르는 2가지 방법 중 한 가지만 유효하다. 그 해답 수순은 다음과 같다.

①a차a10장군 ②f포d10 ③b마d8장군#

①a차a10장군　②f포d10

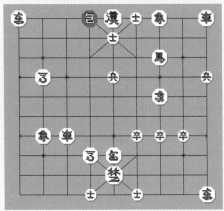

③b마d8장군#

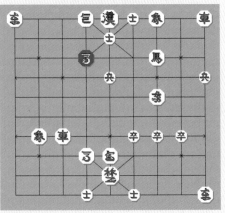

문제 15

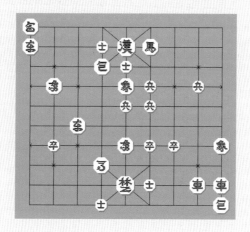

　이 문제는 전술적 실력을 요하는 문제이다. 일단 첫수로는 a차를 희생하여 ①한 왕을 유인하는 것이고 그 후 한왕을 ②뜰장이 가능한 위치로 몰아서 뜰장으로 f마 를 제거한 후 ③b상을 희생하여 한왕을 d줄로 유인하여 ④f차의 호장으로 한왕을 부동의 위치로 유인 후 중앙상으로 최종 마무리 하는 외통 전략을 구사하면 된다. 그 상세한 11수의 외통 수순을 정리하면 다음과 같다.

①a차Xd9사장군! ②e장Xd9차 ③c차c9장군 ④d장d10 ⑤c차Xf9마장군 ⑥d장e10 ⑦b상d10장군 ⑧e장Xd10상 ⑨f차f10장군 ⑩d장d9 ⑪e상b6장군#

　①a차Xd9사장군!　②e장Xd9차　　　　③c차c9장군　④d장d10

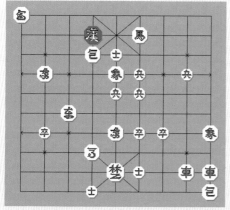

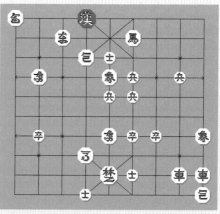

⑤c차Xf9마장군   ⑥d장e10

⑦b상d10장군   ⑧e장Xd10상

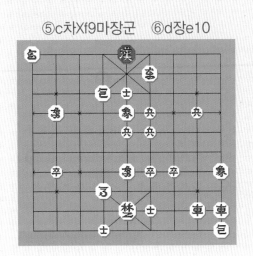

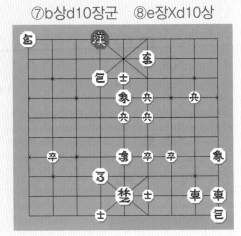

6수 후에 7수에서 e상이 c7로 장군을 치면 게임이 끝나게 된다. 만약 멋을 더 부리고 싶으면 본문의 수순도 가능하고 더 화려하게 끝낼 수 있다.

⑨f차f10장군   ⑩d장d9

⑪e상b6장군#

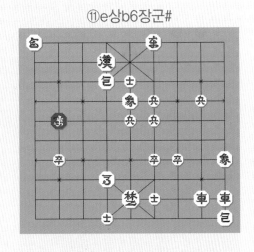

14. 기본형 제14형

외통 기본형 제14형	
외통 전략 분류	**그룹3: 적 왕 도피처 봉쇄 전략**
외통 전략 개요	적 왕이 피할 곳을 전부 차단하여 이기는 전략. 특히 두 라인을 (줄과 선) 공격 기물로 장악하는 전략 (두 줄, 두 선 장악) : 왕이 주로 측궁 우형인 경우에 발생함.
주 외통 공격 기물	주 공격 기물은 주로 차와 모든 라인 공격수 (포, 졸)
어시스트 기물	어시스트 기물은 모든 라인 공격수 (포, 졸)
외통 지점	모든 지점

기본형 제 14형의 대표적인 외통 형태는 다음 그림과 같다.

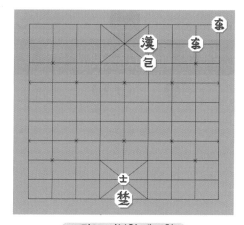

그림35 기본형 제14형

기본형 제14형의 외통 모양이 숙지가 되었으면 다음의 1~7의 문제를 풀어보도록 한다. 실전 대국 중 이 문제의 상황을 접했다고 생각을 하고 일일이 한 문제씩 외통으로 이기는 수를 찾아본다. 문제도는 모두 초차례이다.

기본형 제14형 (초차례)

문제 1

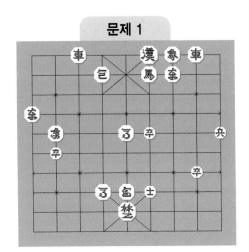

문제 2

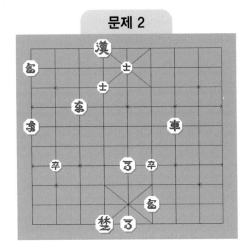

문제 3

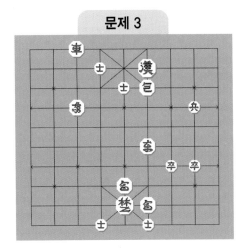

문제 4

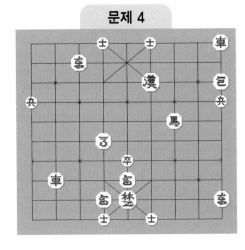

문제 5

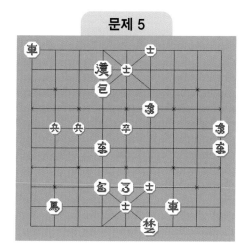

문제 6

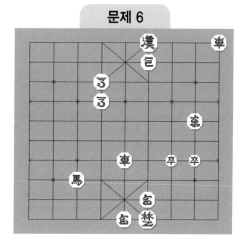

문제 7

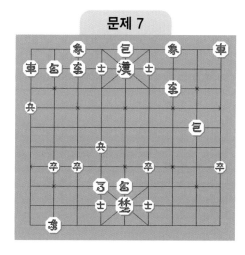

기본형 제14형 해답 (초차례)

문제 1

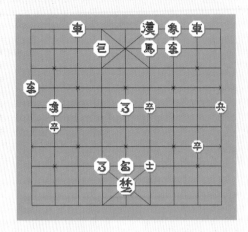

문제의 상황을 보면 초가 e줄을 포로 장악하고 있는데 한왕이 f마 뒤에 숨어 숨바꼭질을 하고 있다. 해법의 첫 단추는 g차를 희생하여 이 마의 보호막을 없애는 것이다. 그 후 f줄과 e줄 양 줄을 장악하면 쉽게 이길 수 있다. 그 수순은 다음과 같다.

①g차Xf9마장군! ②f장f9차 ③a차f7장군#

①g차Xf9마장군!　②f장f9차

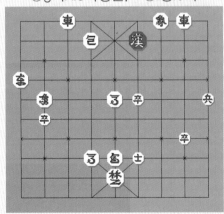

③a차f7장군#

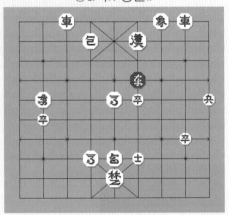

문제 2

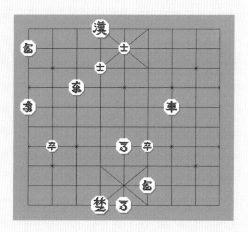

초는 한왕이 측궁이 되어 있는 것을 이용하면 쉽게 이길 수 있다. 우선 차장군으로 한왕을 d9로 이동하도록 강요한 후 상을 이동하여 포장군으로 10선과 9선 양선을 장악하면 이길 수 있다. 그 수순은 다음과 같다.

①c차c10장군 ②d장d9 ③a상c9장군#

①c차c10장군   ②d장d9

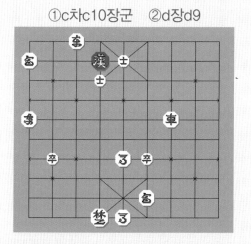

③a상c9장군#

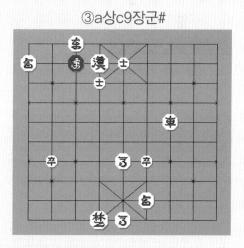

문제 3

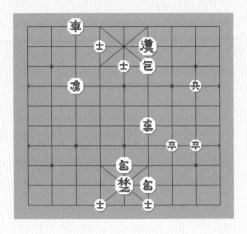

외통 수순에서 차의 희생으로 적 왕을 유인하는 것이 강력한 수법 중 하나이다. 본 문제도 첫수로 f차가 f8포를 때리면 f2포로 인해 e8사가 잡을 수 없다. 이를 이용한 외통 수순은 다음과 같다.

①f차Xf8포장군! ②f장Xf8차 ③c상f5장군#

①f차Xf8포장군! ②f장Xf8차

③c상f5장군#

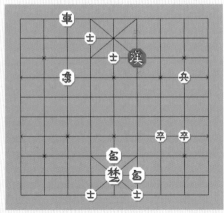

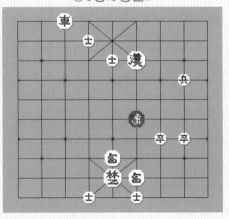

문제 4

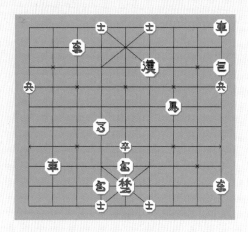

상황을 보면 한왕은 피할 데가 없다. e줄은 초의 면포에 의해 중앙 줄이 장악 당한 상태이다. f줄이 취약한 점을 노려 i차가 f줄로 가서 호장을 하면 쉽게 이긴다. 그 수순은 다음과 같다.

①i차f2장군 ②g마f4멍군 장군 ③f차Xf4마 멍군 장군#

①i차f2장군   ②g마f4 멍군 장군   ③f차Xf4마 멍군 장군#

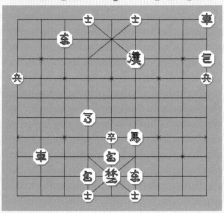

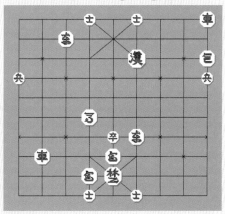

문제 5

첫수로 d차를 희생하여 한왕을 천궁으로 유인한 후 주위 기물의 파상적인 컴비네이션 공격으로 5수 만에 이긴다. 해답 수순은 다음과 같다.

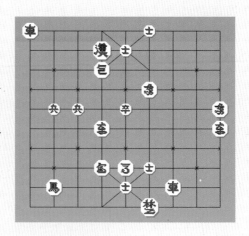

①d차Xd8포장군! ②d장Xd8차 ③i차d5장군 ④d장e8 ⑤e졸e7장군#

①d차Xd8포장군! ②d장Xd8차

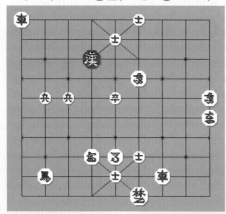

③i차d5장군 ④d장e8

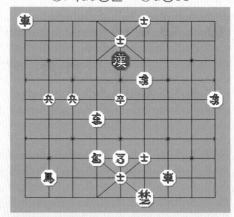

⑤e졸e7장군#

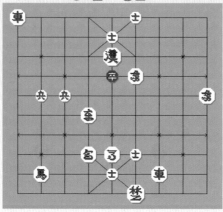

문제 6

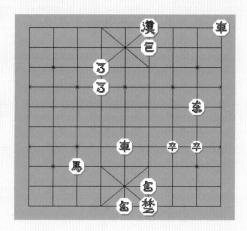

1번 문제와 그 해법의 발상이 비슷하다. f9포 뒤에 숨어있는 한왕의 앞의 보호막을 제거하는 것이 우선이고 h차가 f줄을 장악하면 이긴다. 해답 수순은 다음과 같다.

①d마Xf9포장군! ②f장Xf9마 ③h차f6장군#

①d마Xf9포장군!   ②f장Xf9마

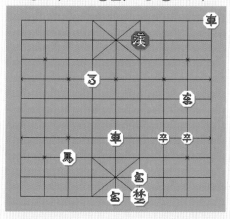

③h차f6장군#

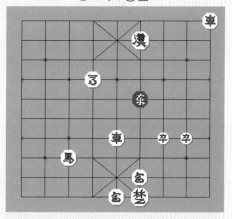

문제 7

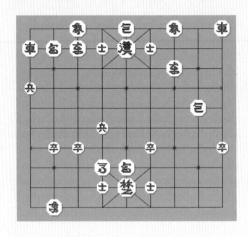

이 문제는 8선과 9선을 장악하여 이기는 문제로서 아주 쉬운 문제이나 그 발상이 중요하다. 첫수로 공짜로 차를 d8자리에 희생하는 것이 묘수이다. 이런 수법에 능하게 되면 단 몇 초에 첫수를 발견할 수 있을 것이다. 그 외통 수순은 다음과 같다.

①g차d8장군! ②e장Xd8차 ③c차c8장군#

①g차d8장군!   ②e장Xd8차

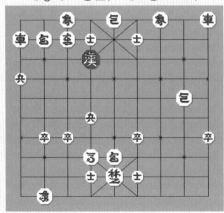

③c차c8장군#

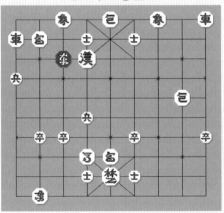

15. 기본형 제15형

외통 기본형 제15형	
외통 전략 분류	**그룹3: 적 왕 도피처 봉쇄 전략**
외통 전략 개요	적 왕이 피할 곳을 전부 차단하여 이기는 전략. 특히 두 라인을 (줄 과 선) 공격 기물로 장악하는 전략 (두 점 장악): 적 왕이 주로 측궁 우형인 경우에 발생함.
주 외통 공격 기물	주 공격 기물은 주로 차와 모든 라인 공격수 (포, 졸)
어시스트 기물	어시스트 기물은 모든 공격 기물
외통 지점	모든 지점

기본형 제15형의 대표적인 외통 형태는 다음 그림과 같다.

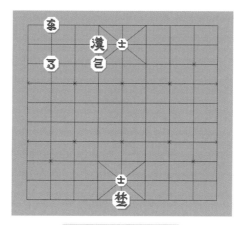

그림36 기본형 제15형

기본형 제15형의 외통 모양이 숙지가 되었으면 다음의 1~8의 문제를 풀어보도록 한다. 실전 대국 중 이 문제의 상황을 접했다고 생각을 하고 일일이 한 문제씩 외통으로 이기는 수를 찾아본다. 문제도는 모두 초차례이다.

기본형 제15형 (초차례)

문제 1

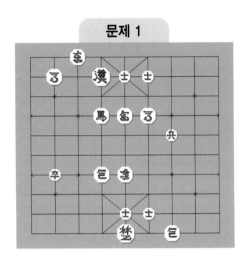

문제 2

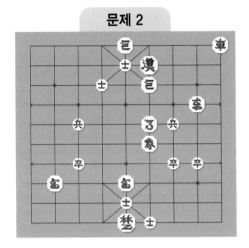

문제 3

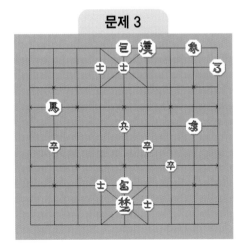

문제 4

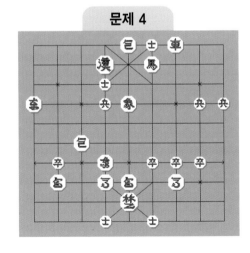

문제 5

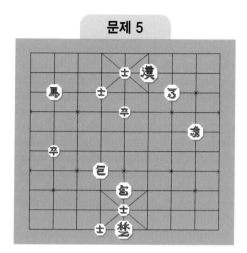

문제 6

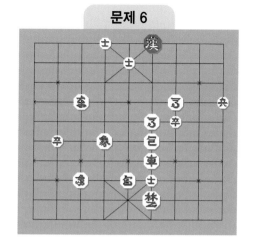

문제 7

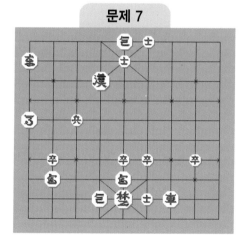

문제 8

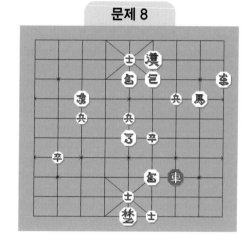

문제 9

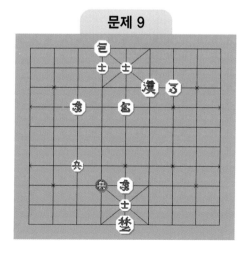

기본형 제15형 해답 (초차례)

문제 1

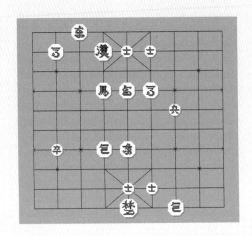

이 문제는 측궁이 되어 있는 한왕이 갈 수 있는 3 군데를 다 장악하여 외통으로 이기는 문제이다. 마지막 수는 뜰장을 이용한다. 그 외통 수순은 다음과 같다.

①b마c7장군 ②d장d8 ③e포e3장군#

①b마c7장군   ②d장d8

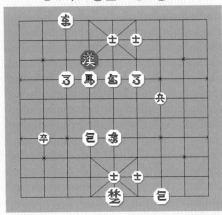

③e포e3장군#

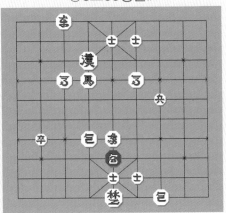

문제 2

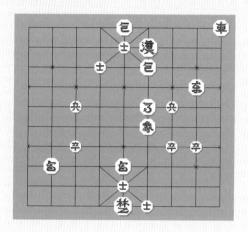

이 문제는 전형적으로 두 점을 장악하여 이기는 문제이다. 이처럼 측궁이 되면
단 2개의 기물로도 외통으로 이길 수 있다. 그 해답 수순은 다음과 같다.

①h차h9장군 ②f장f10 ③f마g8장군#

①h차h9장군　②f장f10 　　　　　　　　　③f마g8장군#

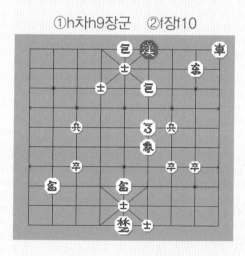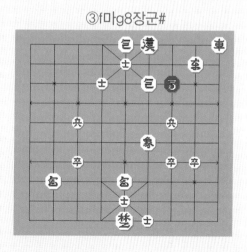

문제 3

이 문제의 해법을 잘 기억해 두면 요긴하게 쓸 수 있고 상, 마의 활용에 눈이 트이게 된다. 교묘히 뜰장을 이용해서 한왕을 사지에 몰 수 있다. 해답 수순은 다음과 같다.

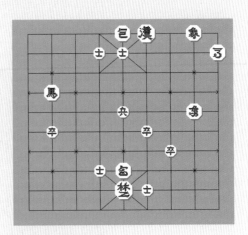

①i마g8장군 ②f장f9 ③g7마i7장군 ④f장f8 ⑤i마h9장군#

①i마g8장군　②f장f9

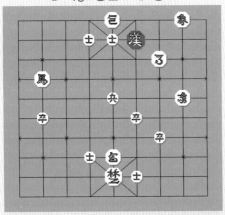

③g7마i7장군　④f장f8

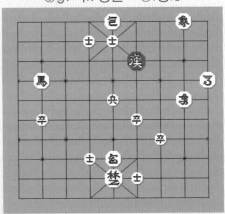

⑤i마h9장군#

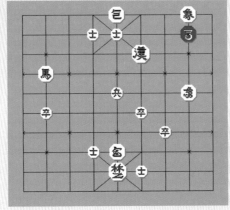

문제 4

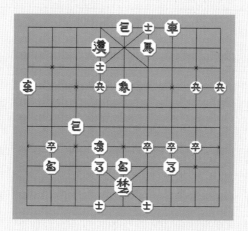

이 문제도 전형적인 두 점 장악 문제이다. 2번 문제와 발상이 비슷하다. 그 해답
은 다음과 같다.

①a차a8장군 ②d장d9 ③d상b6장군#

①a차a8장군 ②d장d9

③d상b6장군#

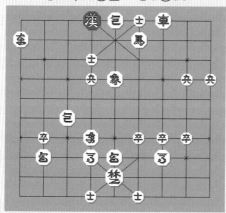

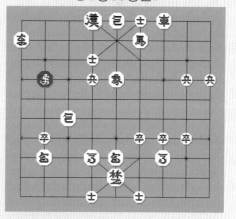

문제 5

이 문제는 3번 문제와 비슷해 보이나 이 문제의 첫수는 주의 깊게 선택해야 한다. e9사로 인해 한왕이 중앙을 통해 좌측으로 피신할 수 있으므로 첫수가 중요하다. 우선 뜰장을 이용해 중앙 사를 없애면 한왕이 f줄에서만 머물러야 하는 점을 이용한다. 그 외통 수순은 다음과 같다.

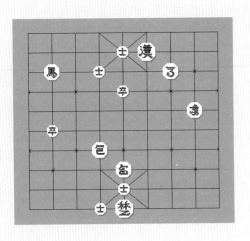

①g마Xe9사장군 ②f장f10 ③e마g8장군 ④f장f9 ⑤g마i7장군 ⑥f장f10 ⑦i마h9장군#

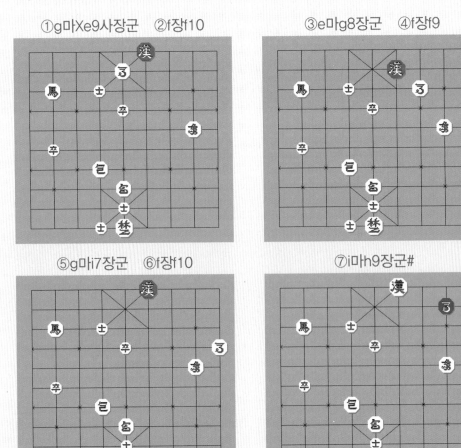

①g마Xe9사장군 ②f장f10
③e마g8장군 ④f장f9
⑤g마i7장군 ⑥f장f10
⑦i마h9장군#

문제 6

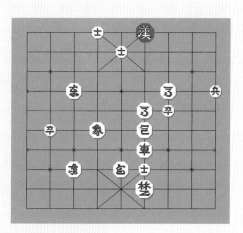

측궁이 되어 있을 때는 양 마로도 외통이
가능하다. 그 외통 수순은 다음과 같다.

①f6마g8장군 ②f장f9 ③g8마h10장군 ④f장f10 ⑤g7마h9장군#

①f6마g8장군   ②f장f9   ③g8마h10장군   ④f장f10

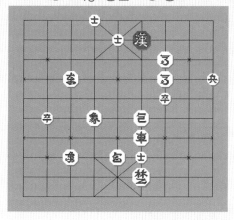
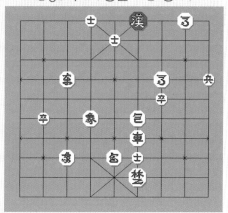

⑤g7마h9장군#

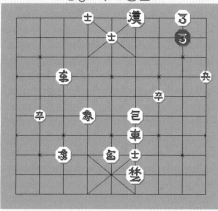

문제 7

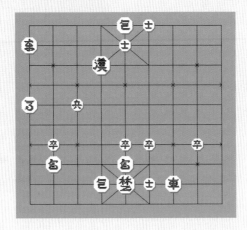

첫수는 a마가 한왕을 움직이지 못하게 족쇄를 채우고 3수째 a차의 호장으로 이기면 된다. 이런 단계적 공격 수법을 잘 기억해 두자. 해답 수순은 다음과 같다.

①a마c7 ②d포Xf2사 ③a차a8장군#

①a마c7　②d포Xf2사　　　　　　　　　　③a차a8장군#

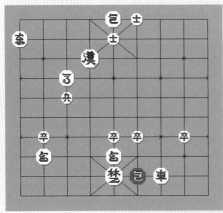

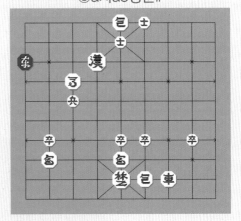

문제 8

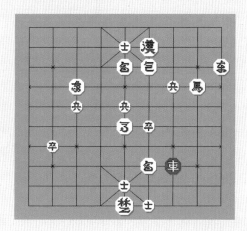

첫수는 뜰장을 이용해서 한왕을 강제로 이동시키는 것이다. 만약 e사를 e8로 이동해 상 멱을 막으면 i8차Xf8포장군# 이 되고 설사 f장f10으로 피해도 이미 f9자리가 상에 의해 겨냥이 되어 외통을 피할 수 없다. 그 외통 수순은 다음과 같다.

①e8포e10장군 ②f장f10 ③i차i10장군#

①e8포e10장군 ②f장f10   ③i차i10장군#

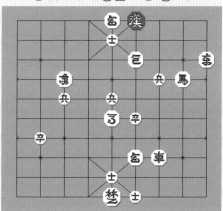

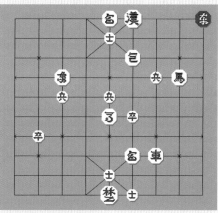

문제 9

이 문제는 초의 기물이 한왕을 천궁으로 몰면서 추격전을 벌인 후 외통으로 이기는 과정을 보여준다. 천궁이 위험한 이유는 왕이 적에게 쉽게 노출된다는 점이며, 이 문제가 천궁의 단점을 여실히 보여주고 있다. 그 외통 수순은 다음과 같다.

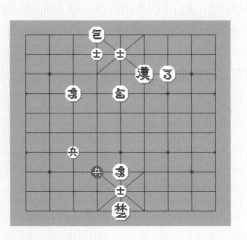

①e상h5장군 ②f장e8 ③g마f6장군 ④e장d8 ⑤c상a10장군#

①e상h5장군   ②f장e8

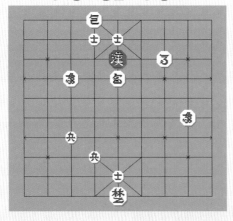

③g마f6장군   ④e장d8

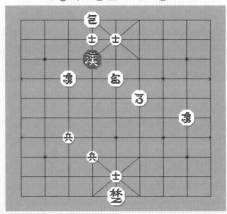

⑤c상a10장군#

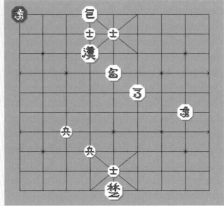

16. 기본형 제16형

외통 기본형 제16형	
외통 전략 분류	**그룹3: 적 왕 도피처 봉쇄 전략**
외통 전략 개요	적 왕이 피할 곳을 전부 차단하여 이기는 전략. 특히 궁 중앙을 공격 기물로 장악하는 전략 (중앙장악)
주 외통 공격 기물	주 공격 기물은 주로 차와 모든 라인 공격수 (포, 졸)
어시스트 기물	어시스트 기물은 모든 공격수 (마, 상, 포, 차, 졸)
외통 지점	모든 지점

기본형 제 16형의 대표적인 외통 형태는 다음 그림과 같다.

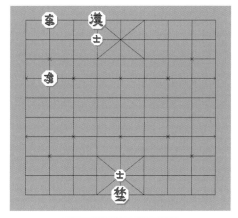

그림37 기본형 제16형

  기본형 제16형의 외통 모양이 숙지가 되었으면 다음의 1~6의 문제를 풀어보도록 한다. 실전 대국 중 이 문제의 상황을 접했다고 생각을 하고 일일이 한 문제씩 외통으로 이기는 수를 찾아본다. 문제도는 모두 초차례이다.

기본형 제16형 (초차례)

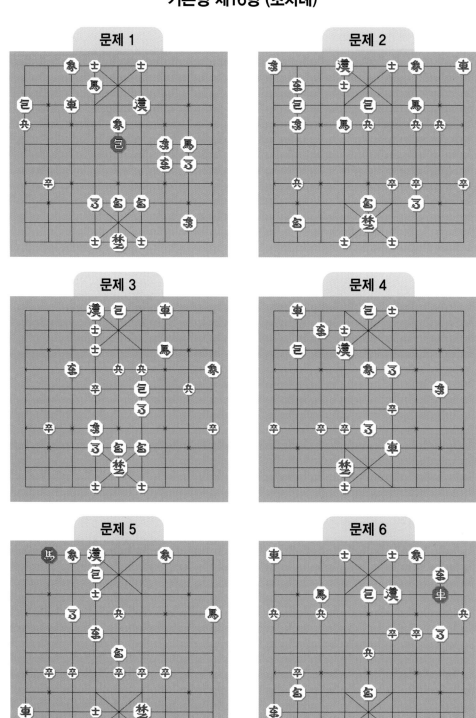

기본형 제16형 해답 (초차례)

문제 1

천궁이 되어 있는 한왕을 공략하는 문제이다. 현재 초의 기물 중 가장 무서운 기물이 g6상이다. 한왕이 이 상 때문에 e9 자리로 도망가지 못하기 때문이다. 우선 첫수로 g차에 의해 e줄로 몰고 후속 기물이 공격하면 쉽게 이길 수 있다. 그 외통 수순은 다음과 같다.

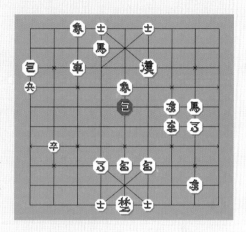

①g차f5장군 ②f장e8 ③h마f6장군 ④e8장f8 ⑤f차g5장군#

①g차f5장군   ②f장e8

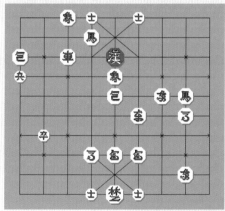

③h마f6장군   ④e8장f8

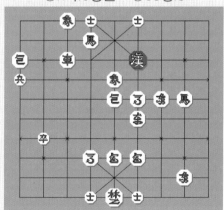

⑤f차g5장군#

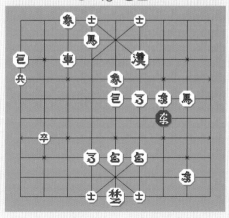

문제 2

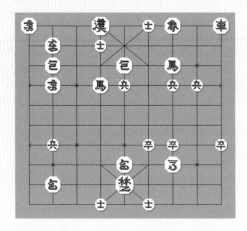

이 문제는 e9자리를 초 b7상이 겨냥하여 차와 상 합동작전으로 이기는 전형적인 외통 형태다. 잘 기억해 두면 실전에서 반드시 도움이 된다. 자주 나오는 모양이기 때문이다. 해답은 다음과 같다.

①b차b10장군#

①b차b10장군#

문제 3

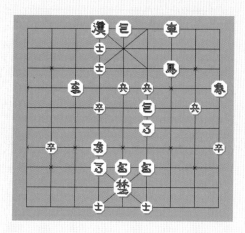

e3포가 한의 유일한 도피처인 e9를 봉쇄하고 있다. 귀윗상의 위력이 유감없이
발휘되는 상황이다. 해답은 다음과 같다.

①d상b7장군#

①d상b7장군#

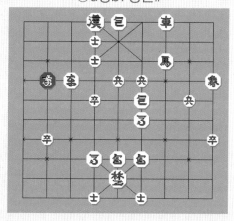

문제 4

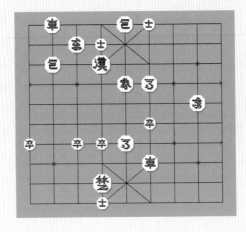

중앙을 봉쇄하는 기물은 모든 기물이 할 수 있다. 본 문제에서는 저격수가 f7초 마이다. 그 해답은 다음과 같다.

①c차c8장군#

①c차c8장군#

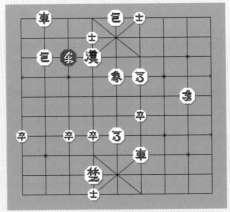

문제 5

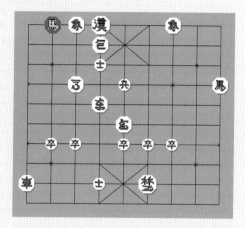

e포가 중앙의 e줄을 다 장악한 장면이다. 해답은 간단하다. 마가 호장을 하면 된다.

①c마b9장군#

①c마b9장군#

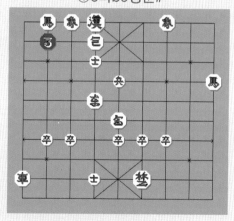

문제 6

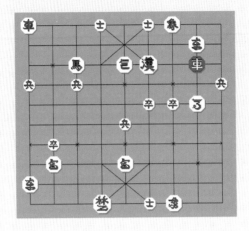

9선이 h9차에 의해 봉쇄되어 있다. 이 상황에서는 6선까지 진출한 졸이 가장 무섭다. 해답 수순은 다음과 같다.

①f졸f7장군#

①f졸f7장군#

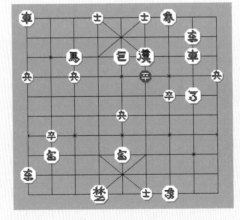

그룹4의 세부 기본형에 대한 설명

다음은 앞에서 분류한 그룹4의 세부 기본형에 대해서 상세히 알아보자.

17. 기본형 제17형

외통 기본형 제17형	
외통 전략 그룹	**그룹4: 포의 특수기능 활용 전략**
외통 전략 개요	기습적인 포에 의한 모든 외통 형태 (기습포장형)
주 외통 공격 기물	주 공격 기물은 포
어시스트 기물	마/상/졸/차
외통 지점	**궁성을 향하는 모든 지점**

기본형 제17형의 대표적인 외통 형태는 다음 그림과 같다.

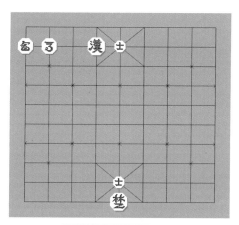

그림38 기본형 제17형

기본형 제17형의 외통 모양이 숙지가 되었으면 다음의 1~12의 문제를 풀어보도록 한다. 실전 대국 중 이 문제의 상황을 접했다고 생각을 하고 일일이 한 문제씩 외통으로 이기는 수를 찾아본다. 문제도는 모두 초차례이다.

기본형 제17형 (초차례)

문제 1

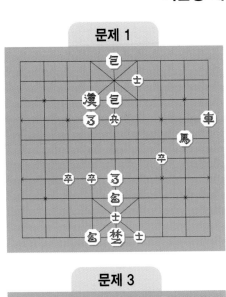

문제 2

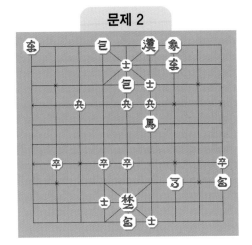

문제 3

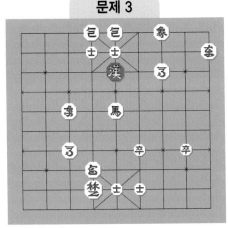

문제 4

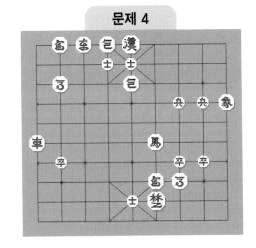

문제 5

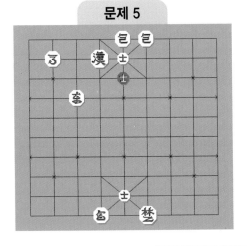

문제 6

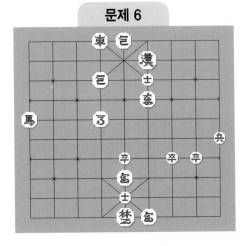

문제 7

문제 8

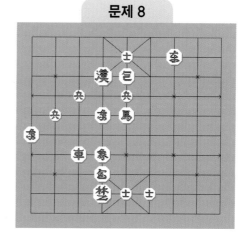

문제 9

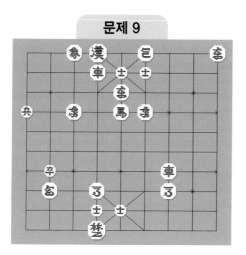

문제 10

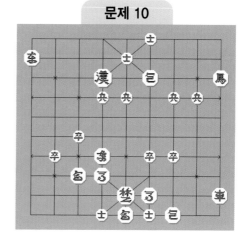

문제 11

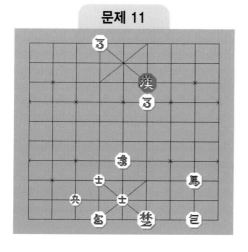

문제 12

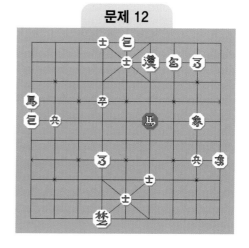

기본형 제17형 해답 (초차례)

문제 1

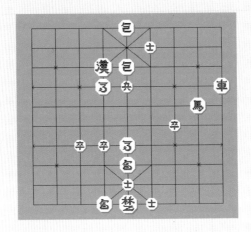

본 기본형 제17형의 모든 문제를 다 기억해 두면 포를 이용하여 역전을 하는 확률이 높아지고 여러분의 필살기가 될 것이다. 그 외통 유형도 아주 다양해서 반복적 훈련이 필요하다. 본 문제에서는 천궁을 한 한왕을 상대로 d7마가 e9자리를 봉쇄하고 있는 좋은 모양으로서 포가 힘을 가세하면 쉽게 이긴다. 해답은 다음과 같다.

①d포d6장군#

①d포d6장군#

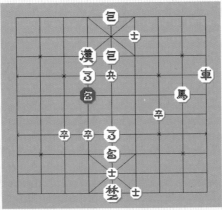

문제 2

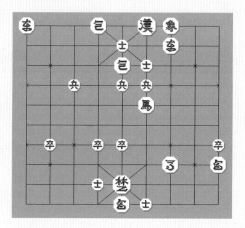

한상의 머리가 초의 g차에 의해 눌려 있을 때 포로 장군을 부르는 이 모양을 알아두면 외통으로 이길 확률이 높아질 것이다. 해답 수순은 다음과 같다.

①i포i10장군#

①i포i10장군#

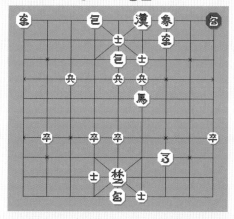

문제 3

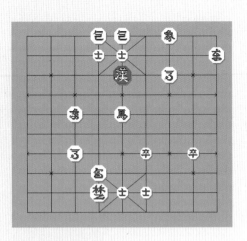

한왕이 천궁이 되어 있어 초의 마, 상, 포에게 유린을 당하는 상황을 잘 보여준다. 우선 g마가 한왕을 좌귀로 몰고 포로 마무리한다. 포와 마의 합동작전이 멋있다. 그 외통 수순은 다음과 같다.

①g마f6장군 ②e장d8 ③c마d6장군 ④e마d4 ⑤d포d5장군#

①g마f6장군 ②e장d8

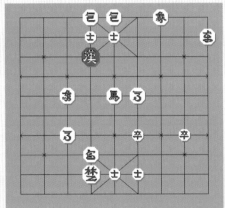

③c마d6장군 ④e마d4

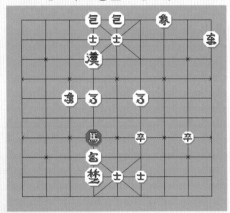

⑤d포d5장군#

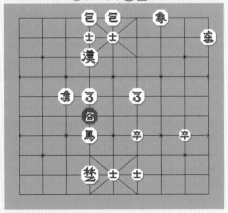

문제 4

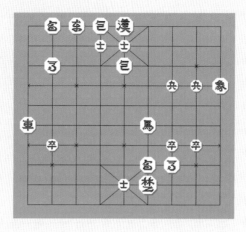

    같은 줄이나 같은 선에 포와 차가 있어서 차가 상대의 기물을 잡으면서 희생을 하면 반드시 왕으로 차를 잡아야 하는데 이런 상황에서 외통 찬스가 많이 나온다. 본 문제에서는 c10차의 희생으로 e한왕을 d10으로 유인한 후 포&마 합동으로 멋있는 외통 형태가 나온다. 그 수순을 외워두길 바란다. 그 외통 수순은 다음과 같다.

①c차Xd10포장군! ②e장Xd10차 ③b마c10장군#

①c차Xd10포장군! ②e장Xd10차

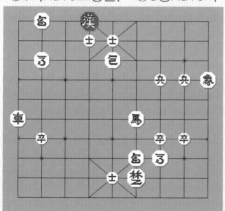

③b마c10장군#

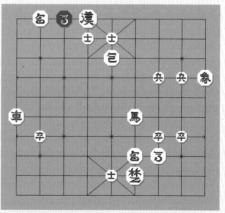

문제 5

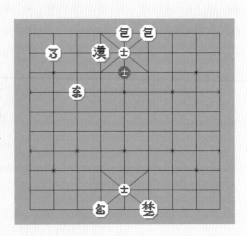

첫수로 뜰장을 이용하여 c9차가 10선에 자리잡고 한왕을 천궁으로 유인하여 포& 마 합동으로 이기면 된다. 그 외통 수순 은 다음과 같다.

①c차c9장군 ②d장d10 ③c차c10장군++ ④d장d9 ⑤b마c7장군 ⑥d장d8 ⑦c마d5장군#

①c차c9장군   ②d장d10

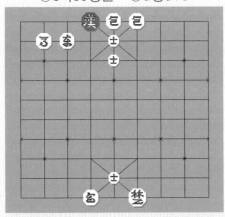

③c차c10장군++   ④d장d9

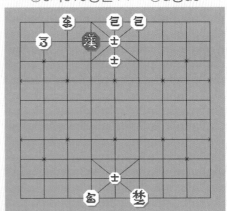

⑤b마c7장군   ⑥d장d8

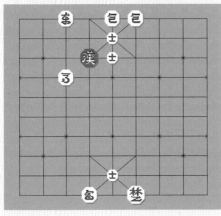

⑦c마d5장군#

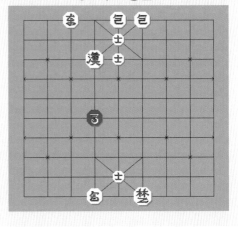

문제 6

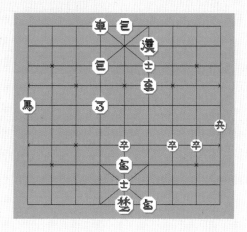

여기까지 성실하게 따라온 독자들이라면 이제는 이 문제를 보자마자 차의 희생이 쉽게 눈에 들어올 것으로 생각이 든다. 첫수로 차를 희생하여 한왕을 f8위치로 유인한 후 포장군으로 이기면 되는 쉬운 문제. 해답 수순은 다음과 같다.

①f차Xf8사장군! ②f장Xf8차 ③d마f7장군#

①f차Xf8사장군!   ②f장Xf8차

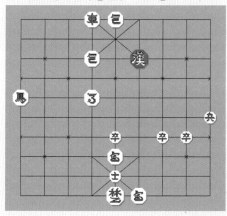

③d마f7장군#

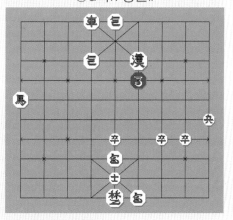

문제 7

초마의 f7위치가 너무 좋고 천궁이 되어 있는 한왕이 e9로 탈출을 못하는 상황을 이용하여 초는 느긋이 한 수 건너뜀 장군을 해도 되는 상황이다. 한에서는 속수무책이다. 그 외통 수순은 다음과 같다.

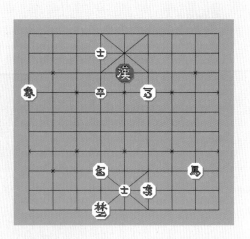

①d졸e7장군 ②e장f8 ③d포f1 ④f장f9 ⑤f포f5장군#

①d졸e7장군 ②e장f8　　　　③d포f1 ④f장f9

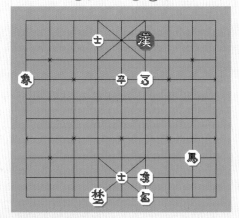

⑤f포f5장군#

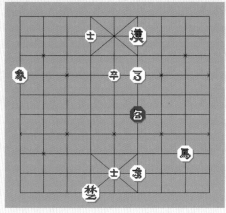

문제 8

이 문제는 양상이 뜰장을 이용하여 천궁
우형인 한왕을 혼내주는 장면이다. 5번
째 수에서 초상이 구멍에 들어가 포장군
을 치는 장면이 아주 인상적이다. 그 외
통 수순은 다음과 같다.

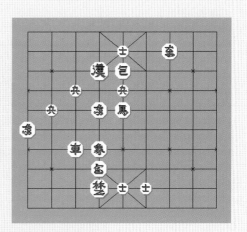

①d포d5장군 ②c병d7 ③d상a8장군 ④d병c7 ⑤a상d7장군#

①d포d5장군　②c병d7　　　　　　③d상a8장군　④d병c7

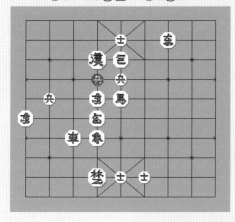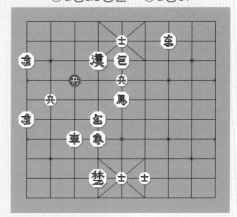

⑤a상d7장군#

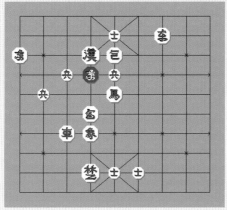

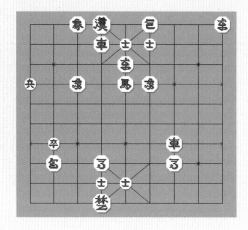

우측에서 긴장감이 고도로 극에 달한 상황에서 초는 좌측에서 회심의 일격을 가한다. c10상이 나가지 못하여 단 한 방에 게임이 끝난다. 해답 수순은 다음과 같다.

①b포b10장군#

①b포b10장군#

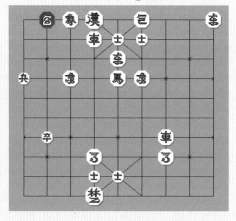

문제 10

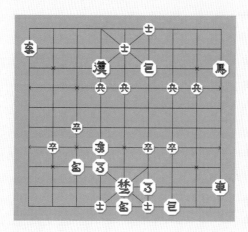

8번 문제와 유사한 문제이다. 이번에는 구멍에 들어가는 기물이 마인 것이 다르다. 첫수는 천궁 된 한왕을 e줄로 유인한 후 포격작전으로 이기는 전략이다.
그 수순은 다음과 같다.

①d상a6장군 ②d장e8 ③e포e3장군 ④e병f7 ⑤d마e5장군 ⑥f병e7 ⑦e마c6장군
⑧e병f7 ⑨c마e7장군#!

①d상a6장군 ②d장e8   ③e포e3장군 ④e병f7

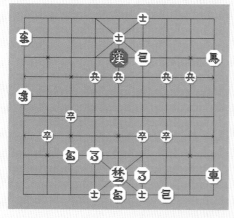   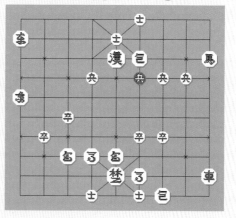

⑤d마e5장군　⑥f병e7　　　⑦e마c6장군　⑧e병f7

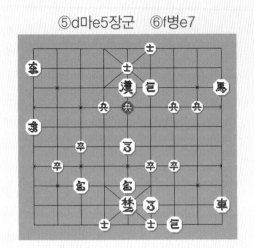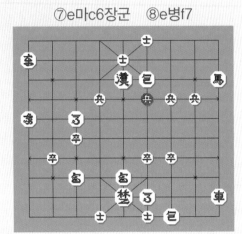

⑨c마e7장군#!

문제 11

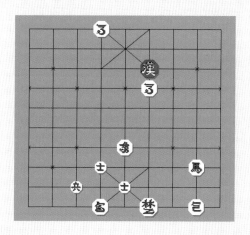

부동인 한왕을 f줄에서 포로 공략하는 문제이다. 그 수순은 다음과 같다.

①d포f3장군 ②h마f4 ③f포f5장군#

①d포f3장군 ②h마f4

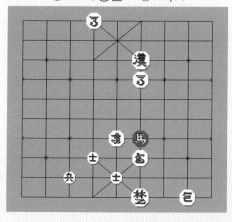

③f포f5장군#

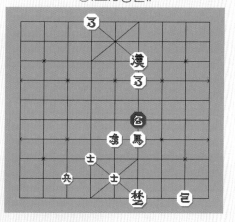

문제 12

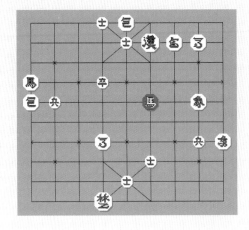

이 외통 모양은 박보장기에 단골로 나오는 형태인데 아주 재미있는 모양이고 의외로 실전에서도 종종 나오므로 기억해 두면 좋다. 해답은 다음과 같다.

①g포i9장군#

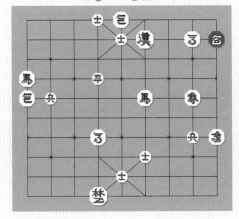

①g포i9장군#

18. 기본형 제18형

외통 기본형 제18형	
외통 전략 그룹	**그룹4: 포의 특수기능 활용 전략**
외통 전략 개요	공격자의 포와 적 왕 사이의 빈 구멍에 모든 공격 기물을 넣어 구멍을 채워 포다리가 되게 하여 포장으로 이기는 외통 형태
주 외통 공격 기물	주 공격 기물은 주로 차와 나머지 모든 기물
어시스트 기물	어시스트 기물은 왕과 마주 보거나 대각선에 위치한 포와 빈 구멍을 지원 사격하는 공격 기물이 있어야 함
외통 지점	외통 지점은 모든 부분

기본형 제18형의 대표적인 외통 형태는 다음 그림과 같다.

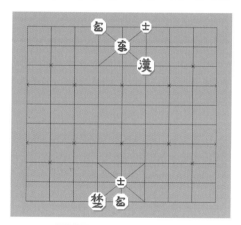

그림39-1 기본형 제18(A)형

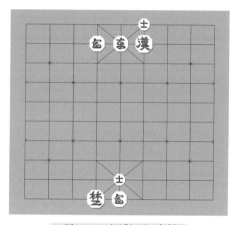

그림39-2 기본형 제18(B)형

  기본형 제18형의 외통 모양이 숙지가 되었으면 다음의 1~8의 문제를 풀어보도록 한다. 실전 대국 중 이 문제의 상황을 접했다고 생각을 하고 일일이 한 문제씩 외통으로 이기는 수를 찾아본다. 문제도는 모두 초차례이다.

기본형 제18형 (초차례)

문제 1

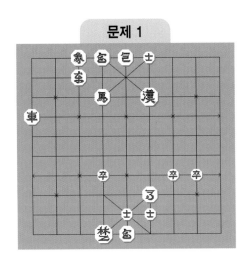

문제 2

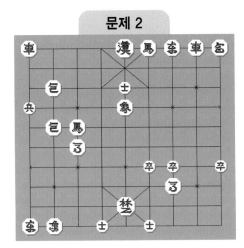

문제 3

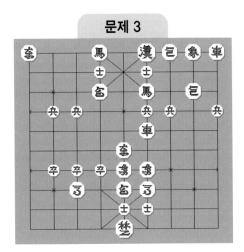

문제 4

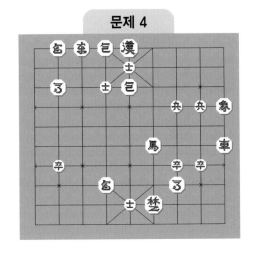

문제 5

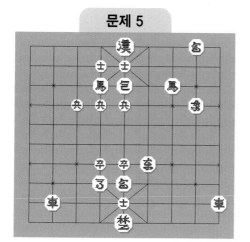

문제 6

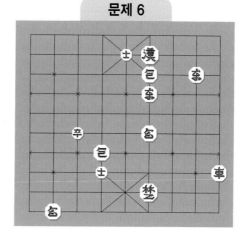

문제 7

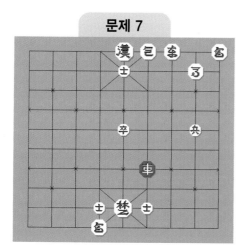

문제 8

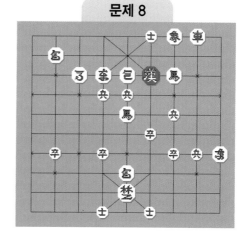

기본형 제18형 해답 (초차례)

문제 1

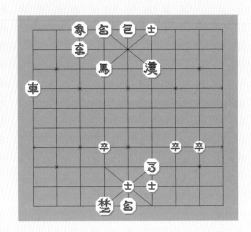

  여기 나오는 기본형 제18형의 모든 문제를 기억하시면 반드시 실전에서 역전으로 이길 기회가 많아질 것이라 필자는 확신한다. 이 문제의 상황은 아무리 수비하는 기물이 많아도 이 기묘한 포와 차의 구멍 넣기 묘수는 방비할 수가 없다. 한 방에 이기는 수는 다음과 같다.

①c차e9장군#!!

①c차e9장군#!!

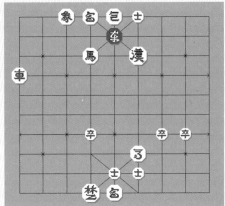

문제 2

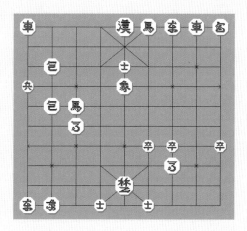

이 문제도 1번 문제와 발상은 비슷하다. 한왕도 한차도 전혀 힘을 쓰지 못하고
패할 수 밖에 없는 상황. 해답 수순은 다음과 같다.

①g차Xf10마장군#

①g차Xf10마장군#

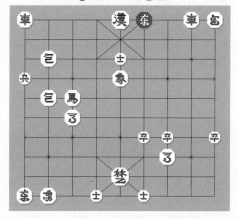

문제 3

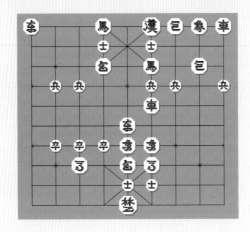

1번 문제와 발상이 유사한 문제이다. 해답 수순은 다음과 같다.

①e차e9장군#

①e차e9장군#

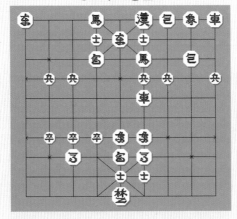

문제 4

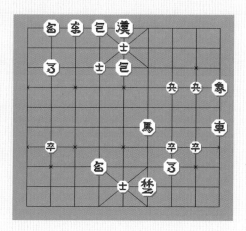

주위 상황이 달라 보여도 1,3번 문제와 유사 문제다. 이 모양을 잘 기억하였다가 포나 차등을 사전 배치하면서 이 모양을 만들어 가면서 장기를 두면 기력이 일취월장할 것이다. 해답 수순은 다음과 같다.

①c차d10포장군#!

①c차d10포장군#!

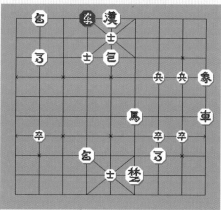

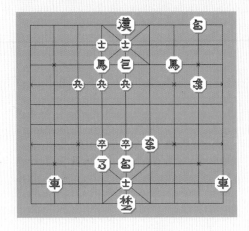

앞 문제들과 비교할 때 배치 기물이 조금 변했지만 그 해법 원리는 1,3,4문제와 유사한 문제이다. 해답 수순은 다음과 같다.

①f차f10장군#

①f차f10장군#

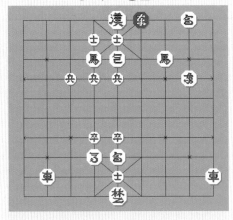

문제 6

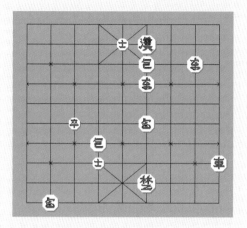

h차가 f차를 서포트하는 외통 모양의 문제이다. 해답은 다음과 같다.

①f차Xf8포장군#

①f차Xf8포장군#

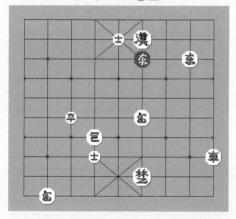

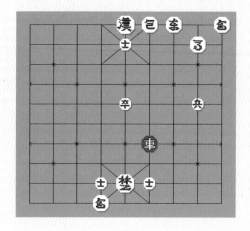

앞 문제들과 유사한 외통 형태인데 이 문제에서 차를 서포트하는 기물은 마다.
해답은 다음과 같다.

①g차Xf10포장군#!

①g차Xf10포장군#!

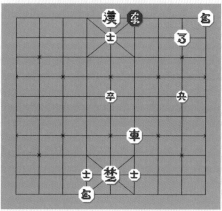

문제 8

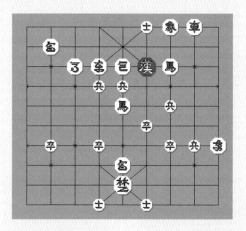

첫수로 d차가 호장을 하여 한왕과 b포가 마주 보게 강요하는 수순만 추가되었다. 앞의 문제들과 원리는 다 동일하다. 그 외통 수순은 다음과 같다.

①d차d10장군 ②f장f9 ③d차e9장군#

①d차d10장군　②f장f9

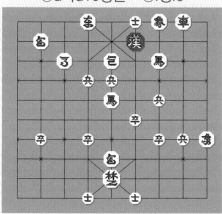

③d차e9장군#

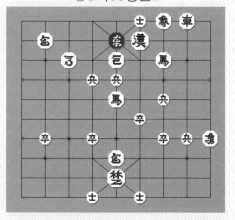

19. 기본형 제19형

외통 기본형 제19형	
외통 전략 그룹	**그룹4: 포의 특수기능 활용 전략**
외통 전략 개요	적 왕을 포로 묶은 상태에서 모든 호장을 하여 이기는 외통 형태로 주로 4가지 세분된 형태가 있다.
주 외통 공격 기물	주 공격 기물은 차/졸/마
어시스트 기물	어시스트 기물은 포와 기타 기물
외통 지점	외통 지점은 모든 지점

기본형 제19형의 대표적인 외통 형태는 다음 그림과 같다.

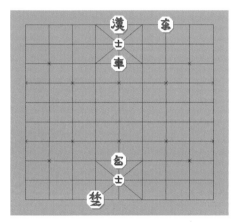

그림40-1 기본형 제19(A)형

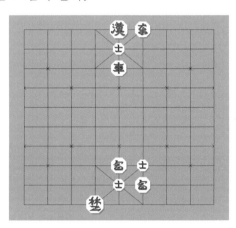

그림40-2 기본형 제19(B)형

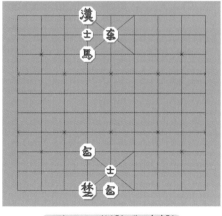

그림40-3 기본형 제19(C)형

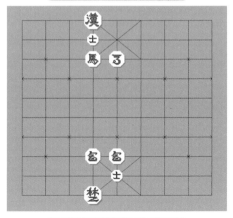

그림40-4 기본형 제19(D)형

　기본형 제19형의 외통 모양이 숙지가 되었으면 다음의 1~18의 문제를 풀어보도록 한다. 실전 대국 중 이 문제의 상황을 접했다고 생각을 하고 일일이 한 문제씩 외통으로 이기는 수를 찾아본다. 문제도는 모두 초차례이다.

기본형 제19형 (초차례)

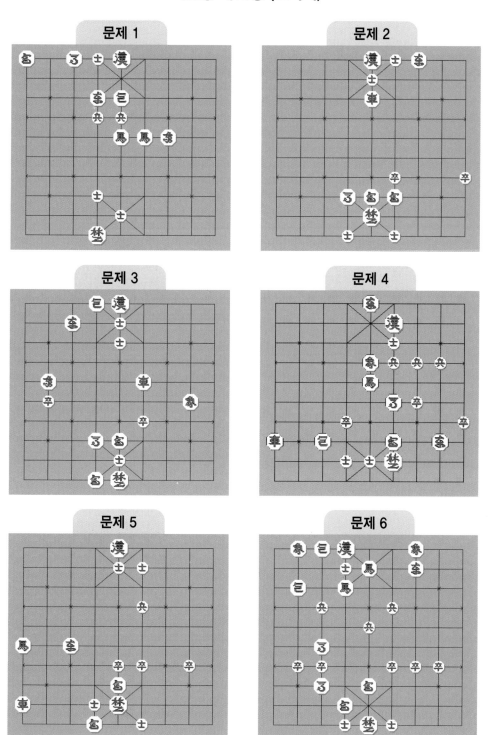

문제 7

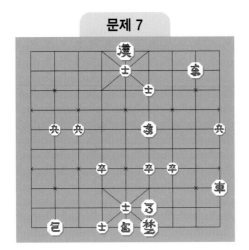

문제 8

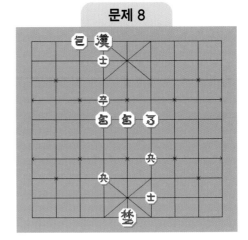

문제 9

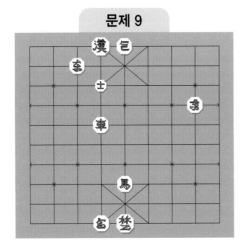

문제 10

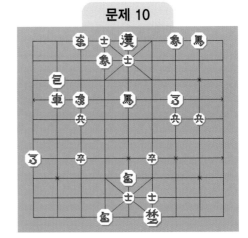

문제 11

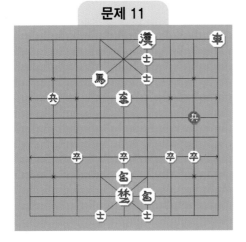

문제 12

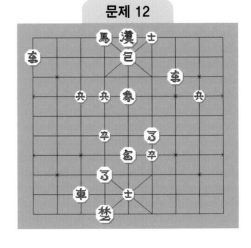

문제 13

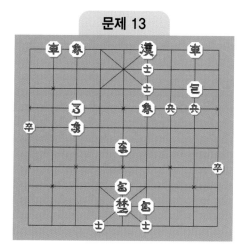

문제 14

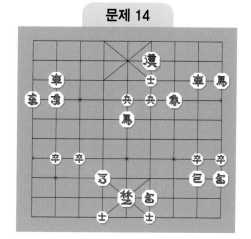

문제 15

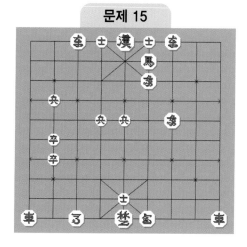

문제 16

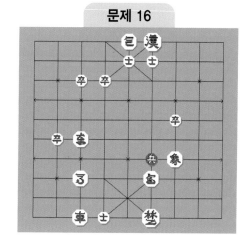

문제 17

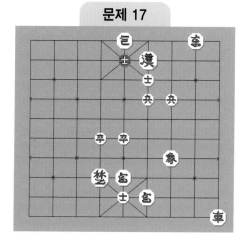

문제 18

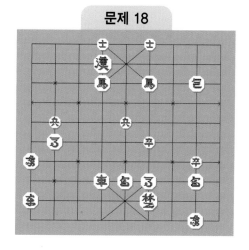

기본형 제19형 해답 (초차례)

문제 1

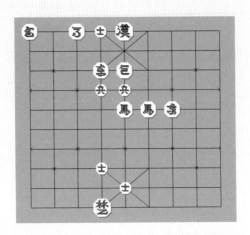

이 문제의 해답은 둘이다. 하나는 d8차가 사를 치고 ①d차Xd10사장군#하는 것이고 또 하나는 d차가 포에 묶인 상태를 이용하여 ①d차e9장군#하는 것이다. 왜이 수도 가능하냐 하면 g6상이 차를 보호하기 때문이고 d10사는 a포에 의해 묶여서 마비된 상태여서 차를 잡을 수 없기 때문이다. 그 해답은

①d차e9장군# 또는 ①d차Xd10사장군#

①d차e9장군#

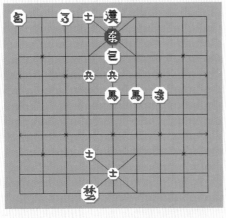

①d차Xd10 사장군#

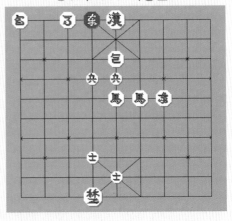

문제 2

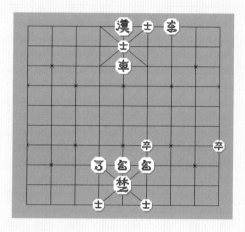

문제의 상황을 보면 e줄은 e4포에 의해 묶여 있고 f10자리가 f줄에 f포와 g차가 힘을 가하는 공격수2 대 수비수1인 지점이어서 g차가 f10사를 때리고 장군을 불러도 된다. 그 해답은 다음과 같다.

①g차Xf10사장군#

①g차Xf10사장군#

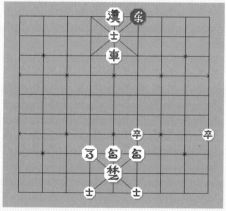

문제 3

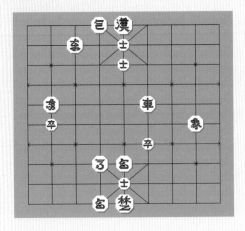

이 문제 상황도 실전에서 자주 나오는데, 포에 의한 특수 외통 모양이 나온다. e9 사를 c차가 때리고 장군을 부르는 모양이 성립되기 때문이다.

그 해답은 다음과 같다.

①c차Xe9사장군#!

①c차Xe9사장군#!

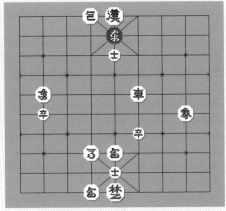

문제 4

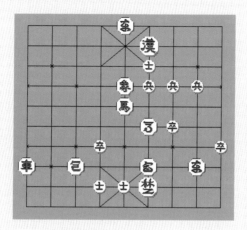

초의 f3포 앞에 있던 f5마가 포다리를 치우면서 e7상을 때리는 수도 초보자들에게는 수읽기가 잘 안될 수도 있지만 이 모양을 잘 기억하였다가 실전에서 기회를 놓치지 않기를 바란다. 해답은 다음과 같다.

①f마Xe7상장군#

①f마Xe7상장군#

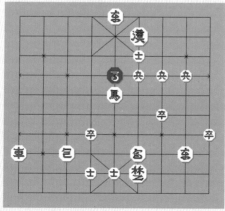

문제 5

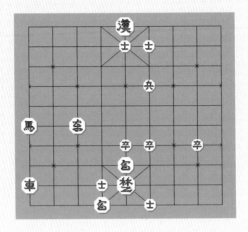

상대가 면포가 없을 때 자주 나오는 모양이다. 중앙 면 줄이 허전하므로 사이드 공격이 주효하다. 해답 수순은 다음과 같다.

①c차c10장군#

①c차c10장군#

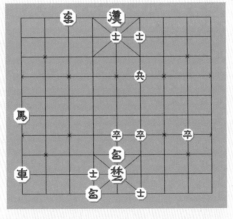

문제 6

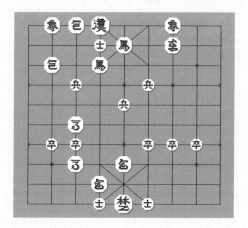

상황을 분석하면 d줄을 d 초포가 묶고 있고 e줄도 면포가 e9자리를 노리고 있어서 ①g9차Xe9마장군#!!이 성립된다. 이 모양을 잘 기억해 두시기 바란다.

①g차Xe9마장군#!!

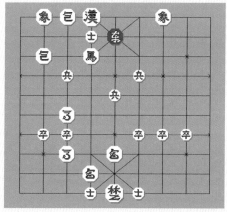

문제 7

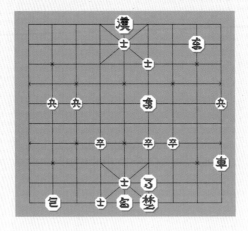

5번 문제와 유사 문제로 쉽게 풀 수 있는 문제. 해답은 다음과 같다.

①h차h10장군#

①h차h10장군#

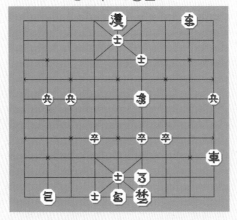

문제 8

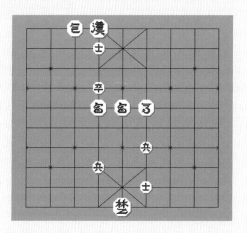

이 외통 모양은 박보장기에 자주 나오는 모양이니 암기하기 바란다. d줄이 포에
의해 묶여있고 e줄에 마&포 합동공격으로 한왕이 피할 수가 없다.
해답 수순은 다음과 같다.

①f마e8장군#

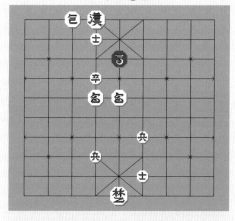

①f마e8장군#

문제 9

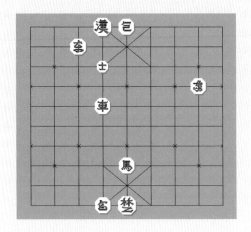

한의 e3마가 포장을 부른 상황이다. 초가 거의 진 것 같아 보이나 묘수가 숨어 있다. 초 c9차가 e9로 들어가 e10한포를 차단하면서 **멍군장군** 하는 **짜릿한 묘수**가 있다. d줄에 d10 초포에 의해 묶여 있어서 기사회생할 수 있는 것이다. 이런 유형의 **'멍군장군 형'** 묘수를 잘 기억하였다가 실전에서 역전하기 바란다.

해답 수순은 다음과 같다.

①c차e9멍군 장군#!!

①c차e9멍군 장군#!!

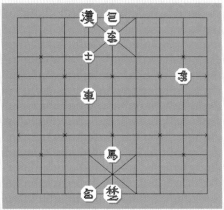

문제 10

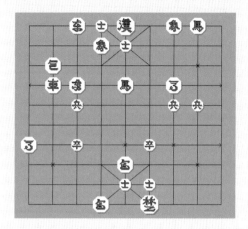

e줄에 e3 초포에 의해 한의 e줄이 약한 상황이다. 또한 d10자리에 d1초포와 c10차가 힘을 모을 수 있어서 외통수가 생긴다. 해답 수순은 다음과 같다.

①c차Xd10사장군#

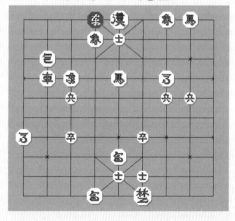

①c차Xd10사장군#

문제 11

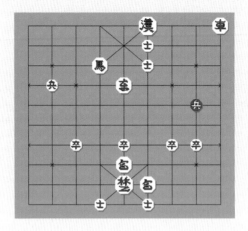

f줄이 f2포에 의해 묶여 있어서 f줄의 두 사를 다 쓸 수가 없다. 초차가 e9자리에 들어가도 한에서는 속수무책이다. 항상 포에 의해 묶여있는 상황에서 가장 약한 급소를 찌를 수 있는지 살펴보는 것이 좋다. 해답 수순은 다음과 같다.

①e차e9장군#

①e차e9장군#

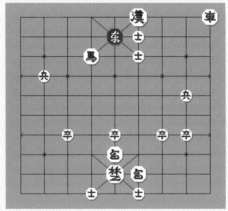

문제 12

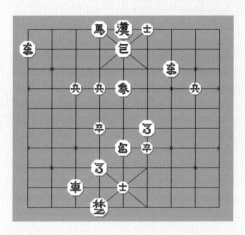

이 문제는 a차로 e줄에서 e9포를 제거하여 면 줄을 약하게 하고 사이드로 차 공격을 하는 외통 모양을 만들면 된다. 이 외통 수순과 외통 모양이 빨리 떠오르도록 반복해서 훈련하시기 바란다. 해답 수순은 다음과 같다.

①a차Xe9포장군 ②f사Xe9차 ③g차g10장군#

①a차Xe9포장군　②f사Xe9차　　　　　　　　③g차g10장군#

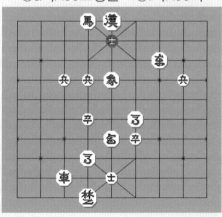
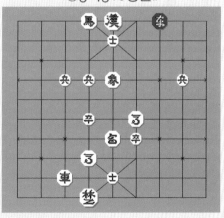

문제 13

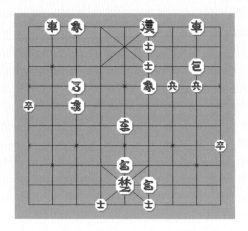

6번 문제와 유사 문제다. f줄에 f2포에 의해 묶인 상황을 이용하면 쉽게 외통수
를 찾을 수 있다. 그 해답 수순은 다음과 같다.

①c마d9장군 ②f사e9 ③e차Xe9사장군#

①c마d9장군　②f사e9

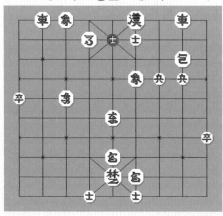

③e차Xe9사장군#

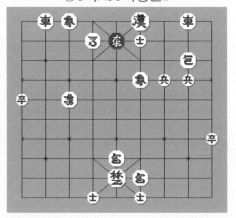

문제 14

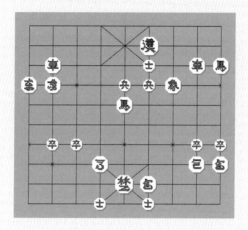

13번 문제와 유사한 발상이 필요한 문제이다. e9 자리에 초의 b7상과 a7차가 힘을 합치면 풀 수 있다. f줄의 포에 의해 묶인 우형을 잘 기억하면 이런 유형의 외통수를 쉽게 발견할 수 있을 것이다. 해답 수순은 다음과 같다.

①a차 a9장군 ②f장f10 ③a차e9장군#

①a차 a9장군 ②f장f10

③a차e9장군#

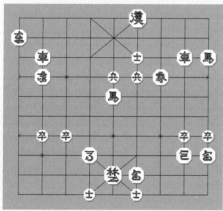

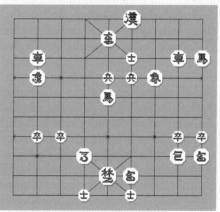

문제 15

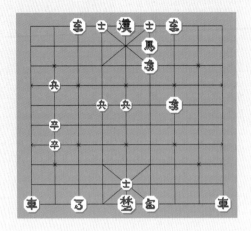

첫수로는 우선 g차로 f10사를 쳐서 한왕을 f10으로 유인한다. f1포에 의해 묶인 상황이 되므로 3수에서 c10차가 d10사를 치는 수가 성립된다. f9마가 묶여 있어서 차를 잡을 수가 없다. 그 수순은 다음과 같다.

①g차Xf10사장군 ②e장Xf10차 ③c차Xd10사장군#

①g차Xf10사장군   ②e장Xf10차

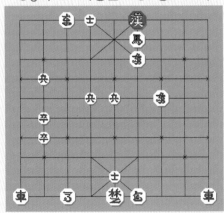

③c차Xd10사장군#

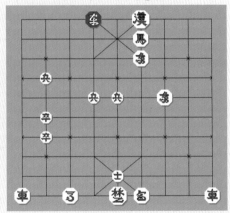

문제 16

이 문제는 실전에서 자주 나오는 상황이
다. f줄에서 f3포에 의해 외통수가 난다.
우선 포장군을 하면 e9사f8로 포장군을
막아야 하고 c줄에 있던 한차가 e줄에 진
입하면 외통수가 성립된다. 그 정교한 외
통 수순은 다음과 같다.

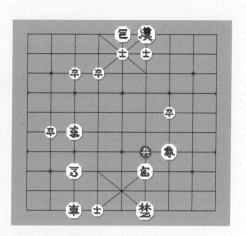

①f포f6장군 ②e9사f8 ③c차e5! ④e10포e4 ⑤e차e9장군#

①f포f6장군   ②e9사f8

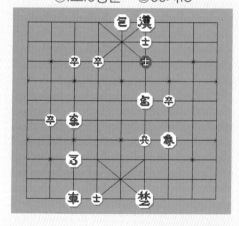

③c차e5!   ④e10포e4

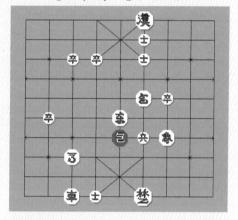

⑤e차e9장군#!

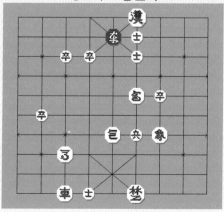

문제 17

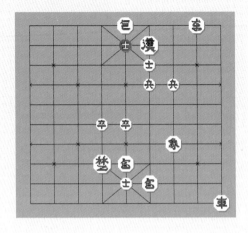

f줄에 초의 f2포에 의해 묶인 것을 이용하면 쉽게 외통수를 발견할 수 있게 된다. 그 수순은 다음과 같다.

①h차h9장군 ②f장f10 ③h차Xe9사장군#!

①h차h9장군   ②f장f10

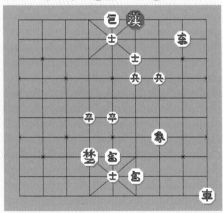

③h차Xe9사장군#!

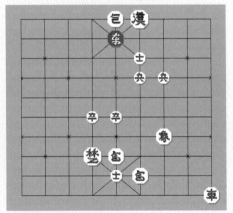

문제 18

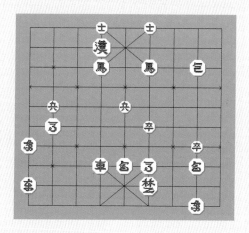

첫수로 차의 길을 트면서 외통을 노리는 선수로 한을 공략하면서 한왕이 e줄로 못 가는 약점을 물고 늘어지면 11수 만에 외통으로 이길 수 있다. 최종 외통 모양을 염두에 두고 전략을 구상하면 이 수순이 보일 것이다.

그 외통 수순은 다음과 같다.

①a상d6！ ②d사e9 ③a차a9장군 ④d장d10 ⑤d상a8장군 ⑥d장e10 ⑦a차a10장군 ⑧d마c10 ⑨a차Xc10마장군 ⑩d차d10 ⑪c차Xd10차장군#

①a상d6! ②d사e9   ③a차a9장군 ④d장d10

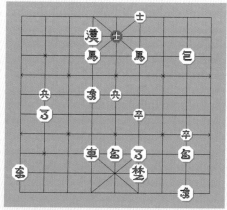
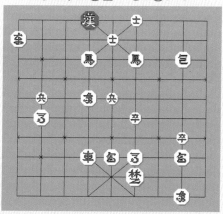

⑤d상a8장군　⑥d장e10　　　⑦a차a10장군　⑧d마c10

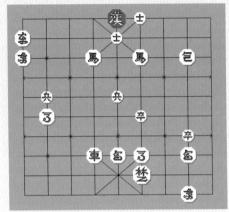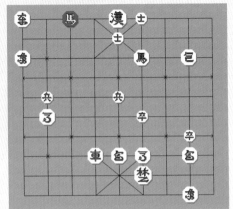

⑨a차Xc10마장군　⑩d차d10　　⑪c차Xd10차장군#

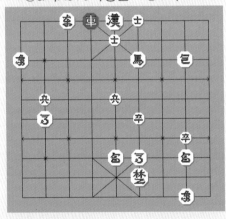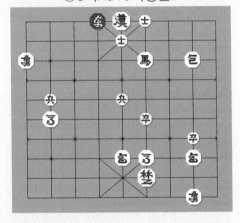

그룹5의 세부 기본형에 대한 설명

다음은 앞에서 분류한 그룹5의 세부 기본형에 대해서 상세히 알아보자.

20. 기본형 제20형

외통 기본형 제20형	
외통 전략 분류	**그룹5: 전술 활용 전략 (묶기)**
외통 전략 개요	포를 제외한 모든 다른 기물로 적 왕을 묶어서 이기는 전략
주 외통 공격 기물	주 외통 공격 기물은 모든 기물
어시스트 기물	모든 기물
외통 지점	모든 지점

기본형 제20형의 대표적인 외통 형태는 다음 그림과 같다.

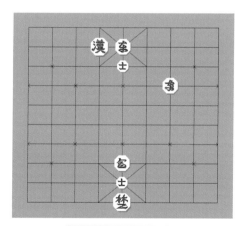

그림41 기본형 제20형

기본형 제20형의 외통 모양이 숙지가 되었으면 다음의 1~8의 문제를 풀어보도록 한다. 실전 대국 중 이 문제의 상황을 접했다고 생각을 하고 일일이 한 문제씩 외통으로 이기는 수를 찾아본다. 문제도는 모두 초차례이다.

기본형 제20형 (초차례)

문제 1

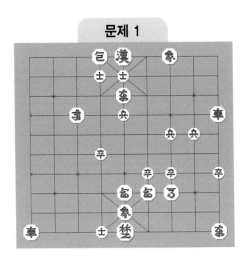

문제 2

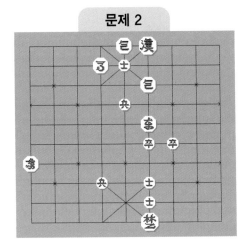

문제 3

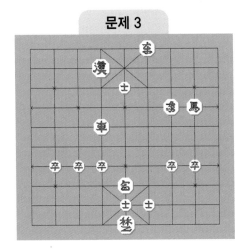

문제 4

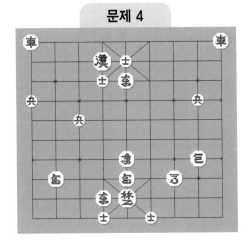

문제 5

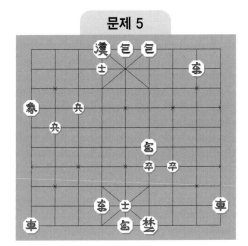

문제 6

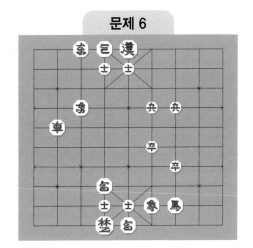

문제 7

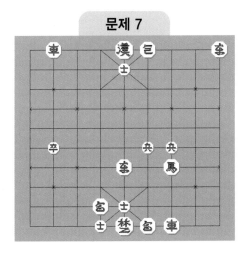

문제 8

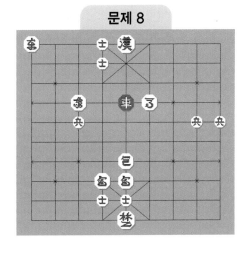

기본형 제20형 해답 (초차례)

이 기본형 제20형의 문제는 모두 한 수 만에 푸는 문제이다. 기물에 의해 묶여 있을 때 외통이 나오는 대표적 외통 모양을 모았으므로 그 원리를 한 문제씩 음미 하면서 외통 형태를 숙지하면 많은 도움이 될 것이다.

문제 1

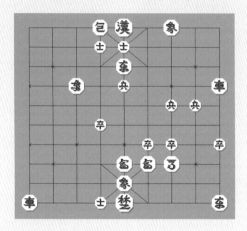

이 문제는 c7상에 의해 d9사가 묶여있고 e3포에 의해 면 줄이 약한 것을 이용하 면 된다. d9사는 묶여서 기능이 마비되어 없는 것과 같아서 이 문제는 마치 기본 형 제1형의 문제같이 차의 입궁수가 성립된다. 해답은 다음과 같다.

①e차Xe9사장군#!

①e차Xe9사장군#!

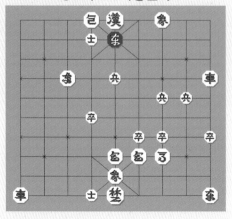

문제 2

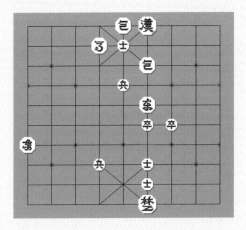

초의 d9마가 남의 궁성에서 곁마를 차고 있는 특수 모양인데 이때 e9사는 묶여서 없는 것과 같다. 이 묶기를 이용하여 초차로 f8포를 치면 된다.
해답은 다음과 같다.

①f차Xf8포장군#

①f차Xf8포장군#

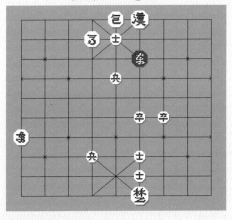

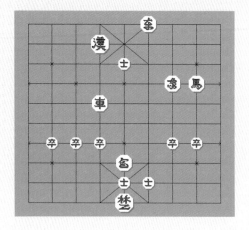

g7상에 의해 e8사가 묶여 있는 것을 이용하면 된다. 이 e8사가 마치 초군이 된 것 같이 e3포의 다리가 되는 외통 형태가 매우 재미있다.

해답은 다음과 같다.

①f차e9장군#!

①f차e9장군#!

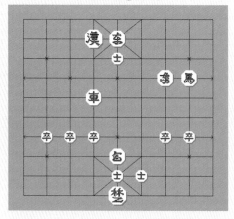

문제 4

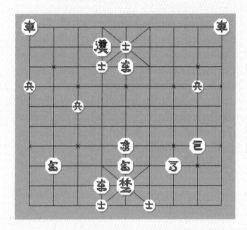

d줄에 d2차가 d8사를 묶고 있어서 d8사는 없는 것과 같다. 기본형 제1형과 같은 모양으로 e3포의 어시스트를 받은 e8차가 e9사를 때리고 골인하면 된다.

해답은 다음과 같다.

①e차Xe9사장군#

①e차Xe9사장군#

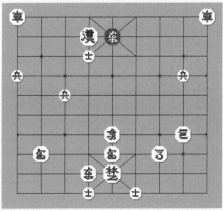

문제 5

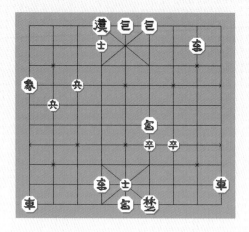

4번 문제와 유사 문제로 쉽게 풀 수 있는 문제. 해답은 다음과 같다.

①h차e9장군#

①h차e9장군#

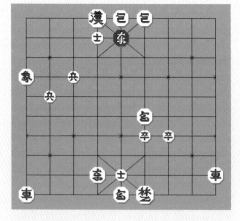

문제 6

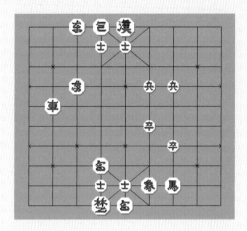

c7상에 의해 사가 묶여 있고 e9사는 초의 e1포에 의해 묶여 있어서 양사가 다 묶인 모양이다. 이 외통 모양도 실전에서 자주 나온다. 첫눈에 외통수를 발견하도록 반복해서 풀기 바란다. 해답은 다음과 같다.

①c차Xd10포장군#

①c차Xd10포장군#

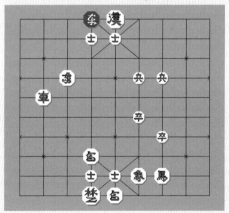

문제 7

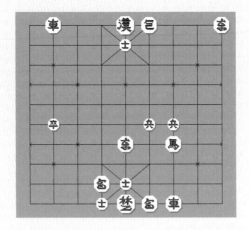

e줄의 e9사가 초차에 의해 묶여 있는 점을 충분히 활용하여 f10자리에 힘을 집중시키면 된다. 해답은 다음과 같다.

①i차Xf10포장군#!

①i차Xf10포장군#!

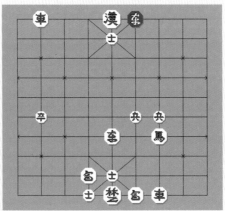

문제 8

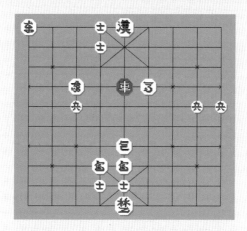

c7상이 d9사를 묶고 있는 것을 감지하면 쉽게 외통수가 보인다. 해답은 다음과 같다.

①a차Xd10사장군#

①a차Xd10사장군#

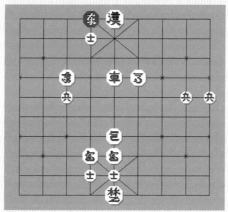

21. 기본형 제21형

외통 기본형 제21형	
외통 전략 분류	그룹5: 전술 활용 전략 (양수겸장)
외통 전략 개요	양수겸장을 이용하여 이기는 전략으로 주로 뜰장을 이용하여 두 기물이 동시에 장군을 부르는 외통 형태
주 외통 공격 기물	주 외통 공격 기물은 모든 뜰장을 부르는 기물
어시스트 기물	어시스트 기물은 호장을 부르는 지점을 겨냥하는 모든 기물
외통 지점	모든 지점

기본형 제21형의 대표적인 외통 형태는 다음 그림과 같다.

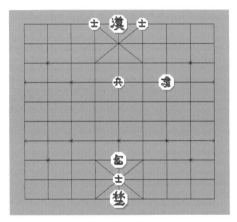

그림42 기본형21형

◎ 양수겸장기술 (Double Check)을 이용한 외통 형태

이 외통 기본형은 주로 양수겸장기술을 써서 동시에 두 기물이 적 왕에게 장군을 부르는 형태를 말하는데 흔히 뜰장기술을 동반한다. 여기서 뜰장기술이란 중요 공격 기물과 상대방 기물 중간에 아군의 공격 기물이 있는 상황에서 중간에 있는 공격 기물을 이동하면서 차기 공격 기물이 상대 기물을 공격하게 하는 기술을 말한다. 이렇게 두 기물이 모두 왕을 공격하면 수비법은 왕을 움직이는 방법 밖에 없다. 만약 왕이 움직일 데가 없다면 왕이 잡혀서 게임은 끝난다.

기본형 제21형의 외통 모양이 숙지가 되었으면 다음의 1~7의 문제를 풀어보도록 한다. 실전 대국 중 이 문제의 상황을 접했다고 생각을 하고 일일이 한 문제씩 외통으로 이기는 수를 찾아본다. 문제도는 모두 초차례이다.

기본형 제21형 (초차례)

문제 1

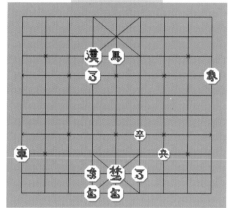

문제 2

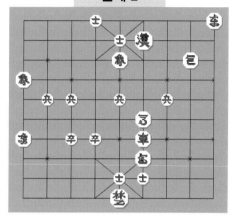

문제 3

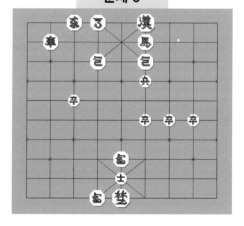

문제 4

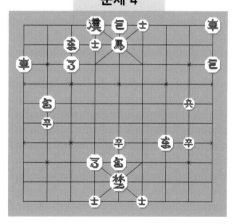

문제 5

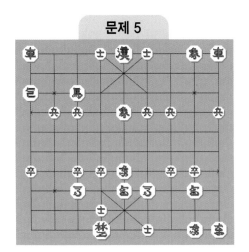

문제 6

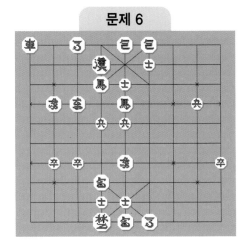

문제 7

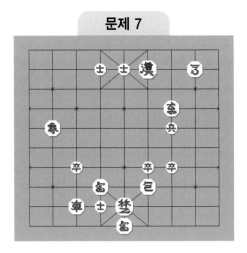

기본형 제21형 해답 (초차례)

문제 1

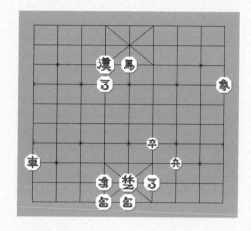

실전에서 자주 나오는 외통 형태임. 상장군과 포장군이 동시에 나와 한이 손을 쓸 수가 없는 상황.

①d상f5장군++#

①d상f5장군++#

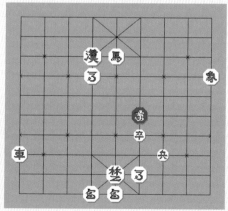

문제 2

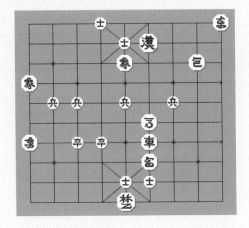

1번문제와 유사한 문제임.

①f마g7장군++#

①f마g7장군++#

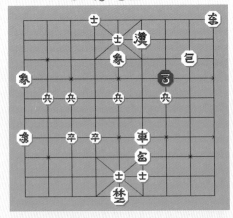

문제 3

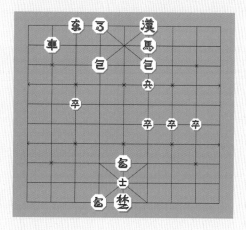

뜰장에 의한 양수겸장 문제임. 해답 수순은 다음과 같다.

①d마e8장군++#

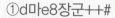
①d마e8장군++#

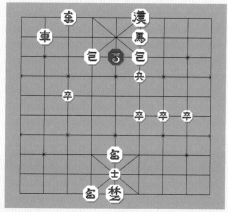

문제 4

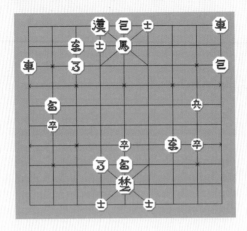

이 외통 모양을 만들기 위해 초의 c8마를 그 위치에 미리 놓는 테크닉을 익히기 바란다. 실전에서 이런 수가 나오면 상대방은 아무리 고수라도 손을 쓸 수가 없다. 차장군과 마장군을 노린 외통 모양이다. 해답 수순은 다음과 같다.

①c차c10장군++#

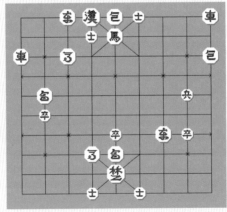

①c차c10장군++#

문제 5

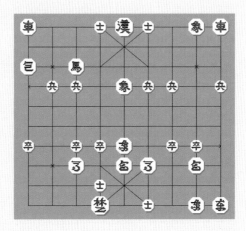

이 상황은 포진 초기에 자주 나올 수 있는 모양이다. 중앙상이 뜨면서 상장군과 포장군을 부르는 이 외통 형태는 반드시 기억해 두기 바란다.

해답 수순은 다음과 같다.

①e상Xg7병장군++#

①e상Xg7병장군++#

문제 6

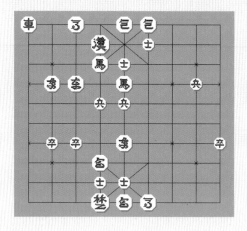

상과 차와 마의 합동작전에 의한 외통 형태를 잘 기억해 두기 바란다. 상의 멱을 막고 있는 차가 e9로 들어가 차장군과 상장군을 부르는 외통수는 실전에서 자주 나온다. 해답 수순은 다음과 같다.

①c차c9장군 ②d장d10 ③c차e9장군++#

①c차c9장군　②d장d10

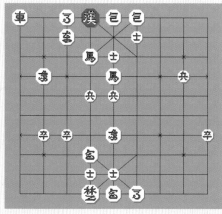

③c차e9장군++#

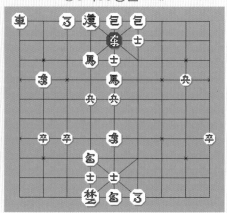

문제 7

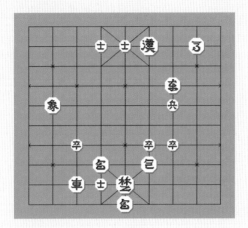

6번 문제와 비슷한 발상이 필요한 문제이다. 마의 멱을 막는 차가 멱을 풀면서 마장군과 차장군을 동시에 부르는 양수겸장 형 외통 형태다.

해답 수순은 다음과 같다.

①g차g9장군 ②f장f10 ③g차Xe9사장군++#

①g차g9장군 ②f장f10

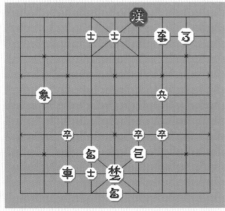

③g차Xe9사장군++#

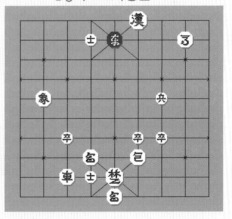

통쾌한 장기
외통수 21

3장 외통에 자주 사용되는 장기 전술

—————— **3장** ——————

외통에 자주 사용되는 장기 전술

기본형 제20형과 기본형 제21형은 전술을 활용한 외통 기본형이었고 보편적으로 외통 전략에는 전술이 아주 중요한 역할을 한다는 것을 알 수 있다. 본 장에서는 그 두 기본형 외에 외통 기본형 제1형~19형까지 시작 모양부터 시작하여 중간 과정에서 많은 역할을 하는 보조 수단 격인 중요한 다른 전술 등에 대해서 더 깊고 넘어가 보도록 한다.

외통 전략에서 전술의 역할에 대해서 언급하자면, 전술이란 **어떤 주어진 상황에서 외통으로 승리하려고 할 때 그 목적을 달성하기 위한 구체적인 모든 중간 수단을 전술이라고 말할 수 있다.** 즉, 어떻게 그 외통을 달성하느냐에 대한 세부기술이 전술인 것이다. 왕을 잡아 외통으로 이기려는 경우 실전에서 자주 나오는 전술에는 어떤 기술들이 있는가 알아보자.

◎ 전술의 종류

1. 유인기술 (Decoy)

• 유인기술이란 아군 기물의 희생을 이용해서 적의 기물들을 유인하는 기술이다. 아군 기물을 희생하여 상대 왕이나 다른 기물을 차기 공격에 유리한 지점으로 유인한다. 이러한 희생기술을 유인 (Decoy)이라고 한다. 다음 예를 통해 유인전술을 이용하여 작전을 수행하는 수법을 알아보자.

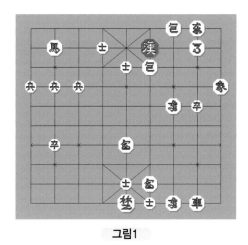

그림1

 첫 번째 예제의 상황을 보자면, 우측에 초의 기물들이 집결한 상태에서 가장 좋은 전술은 수비의 중심인 f8포를 우선 제거하면서 한왕을 천궁으로 유인하는 것이다. 이런 전술을 유인전술이라 하는데 그 후에 다른 기물이 마무리하면 된다.
 그 수순은 다음과 같다.

①h마Xf8포장군 ②f장Xf8마 ③e사f3장군#

①h마Xf8포장군　②f장Xf8마 　　　　　　　③e사f3장군#

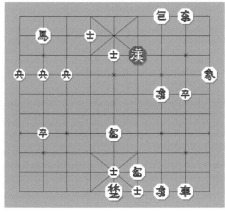
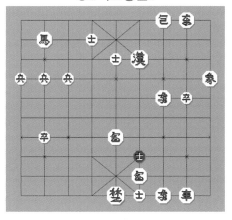

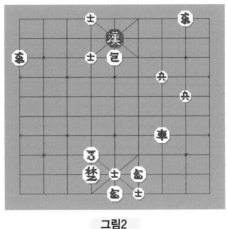

그림2

이번 상황도 유인전술을 잘 설명하는 예이다. 우선 8선에 있는 a차를 희생하여 한왕을 d8자리로 유인하고 10선에 있는 h차를 궁성에 진입시켜 최종 마무리를 하면 쉽게 이길 수 있다.

①a차Xd8사장군 ②e장Xd8차 ③h차Xd10사장군#

①a차Xd8사장군 ②e장Xd8차   ③h차Xd10사장군#

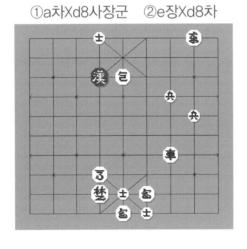
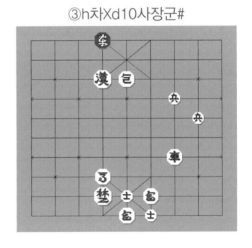

다음 예제에서도 비슷한 발상이 통한다.

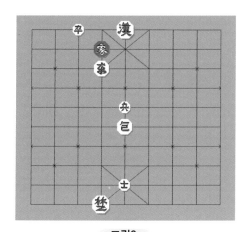

첫수로 초의 졸을 일부러 죽여서 한의 왕을 유인한 후 한왕을 자신의 기물에 막혀서 꼼짝 못하게 하는 다음 수순을 거치면 된다.

그림3

①c졸d10장군 ②e장Xd10졸 ③d차f10장군 ④e포e10 ⑤f차f8장군#

①c졸d10장군 ②e장Xd10졸   ③d차f10장군 ④e포e10

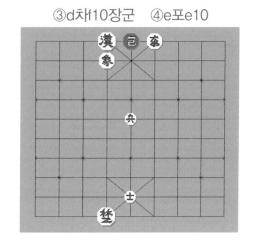

⑤f차f8장군#

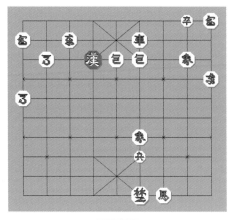

그림4

①c차d9장군 ②f차Xd9차 ③b마c10장군 ④d차c9 ⑤i상g10장군#

①c차d9장군   ②f차Xd9차   ③b마c10장군   ④d차c9

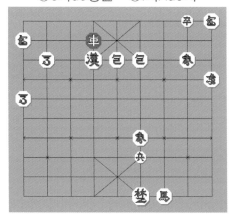

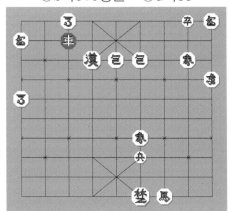

이번 상황은 조금 더 복잡한 상황이지만 원리는 앞의 경우와 비슷하다. 첫수로 초차를 희생 후 수비 기물이 한왕의 퇴로를 차단하도록 주위 기물을 유인한 후 한왕을 잡으면 된다. 그 수순은 다음과 같다.

⑤i상g10장군#

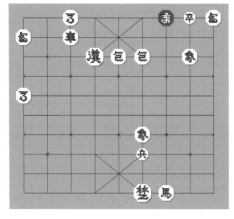

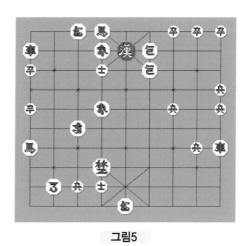

그림5

이 문제도 상을 희생하여 한왕을 유인 후 초포를 이용하여 이기는 예제이다. 그 수순은

①c상e8장군 ②e장Xe8상 ③d사e2장군#

①c상e8장군   ②e장Xe8상   ③d사e2장군#

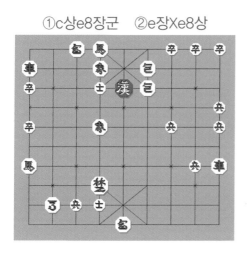

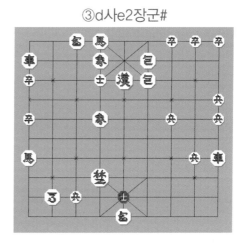

2. 수비지역 이탈 강요기술 (수비수 따돌림 기술, Deflection)

- 수비지역 이탈 강요기술이란 기물 희생을 이용해서 수비를 담당하는 상대방의 중요 수비 기물을 수비임무로부터 벗어나게 강요하는 기술이다. 즉 수비수의 관심을 다른 곳으로 돌려서 그 수비수가 중요 수비지역을 이탈하게 만드는 기술인데 영어로는 디플렉션 (Deflection)이라 부르는데 체스에서도 중요한 전술 중 하나이다.

- 우리가 공격작전을 세울 때 항상 염두에 두어야 할 점은 공격하는 목표를 지키는 중요 수비 기물 중 가장 영향력 있는 기물이 무엇인지를 먼저 파악하는 것이 중요하다. 그 다음으로는 그 기물을 어떻게 따돌리거나 어떻게 제거할 것인가를 사전에 계획을 세워야 작전이 성공할 수 있다. 종종 기물 희생이 동반되곤 하는데 이 희생기술은 매우 다양하게 전술적으로 쓰이는데 예를 들어 상대의 중요한 곳이나 기물을 방어하는 수비수를 제거하거나, 수비수를 따돌리는데 즉, 수비하던 지역을 이탈하게 만드는데 수를 내기 위해 쓰인다. 기물 희생 시에는 수비수제거의 역할뿐 아니라 아군의 공격하는 기물들이 계속 공격을 하는 위치에 오게 만드는 등 다른 목적이 병합될 경우도 있다.

다음 예를 통해 수비수 이탈 강요기술의 개념을 잘 파악할 수 있다.

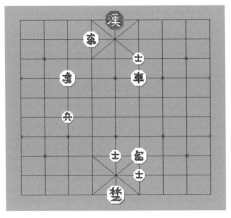

그림6

상황을 분석해 보면 초의 f3포가 한 궁성의 f10자리를 노리고 있으나 한의 f차가 포의
길을 차단하고 있다. 이 f7한차를 자리를 뜨게 만든다면 초차가 f10자리에 골인할 수
있는데 어떤 방법이 가장 좋을까?

c7상을 이용하면 된다. 뜰장을 이용하여 d차가 d8로 오는 뜰장군이 묘수이다. 그 다
음 수순에 의해 초가 쉽게 이길 수 있다. 이처럼 수비를 하고 있는 한의 f7차를 수비지
역으로부터 이탈하도록 강요하는 전술이 수비수 이탈 강요기술이다.

①d차d8장군 ②f차Xc7상 ③d차f10장군#

①d차d8장군   ②f차Xc7상   ③d차f10장군#

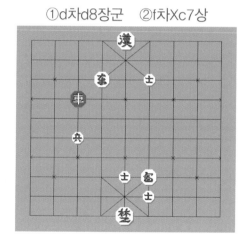 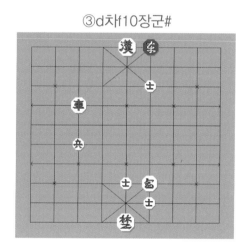

3. 길트기기술

- 인간사에서도 조직을 운영하다 보면 같은 편끼리 중요자리를 두고 싸울 때가 있고
  이것이 적을 이롭게 할 때가 있다. 특히 전투상황에 따라서는 공격 기물들끼리 도움
  이 되기는커녕 서로 길을 막고 공격에 방해가 되어 차라리 없는 편이 더 나은 경우
  가 있다. 이런 경우에는 자신의 공격 기물을 과감히 일부러 없애는 것이 좋은 전술
  이 될 수가 있다.

길트기기술이란 이런 경우에 해당하는 전술로서, 기물 희생을 통해, 아군 기물들
의 활동을 활성화시키는 기술로서 아군 기물의 길을 막고 있는 기물을 일부러 죽여
서 주요 공격수의 길을 트게 만드는 기술이고, 이 희생기술은 다른 기물이 들어갈
수 있도록 빈자리를 만들기 위해서도 쓰이고 다음 공격수를 위한 길을 트기 위해서
도 사용되며 상대의 수비를 허물기 위해서 쓰일 뿐 아니라 자신의 공격 조직력을 높
이기 위해, 즉 아군을 방해하는 불필요한 아군 기물을 없애기 위해서도 쓰이는 중요
기술이 된다.

아래의 예들을 살펴 보자.

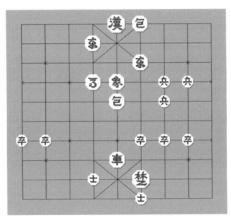

그림7

상황을 분석해 보면 d차가 d마와 f차에게 거북스러운 존재가 되고 있어서 자신의
기물의 멱을 막고 있다. 이때는 아래 수순처럼 과감한 결단을 내리면 전세가 쉽게
풀린다. 그 수순은 다음과 같이 간단하다.

①d차d10장군! ②f포Xd10차 ③d마c9장군#
이렇게 희생을 통해서 자신의 기물의 길을 열어서 아군에게 이롭게 하는 기술을 길
트기기술이라 한다.

①d차d10장군! ②f포Xd10차 ③d마c9장군#

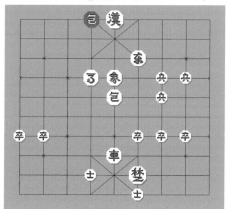 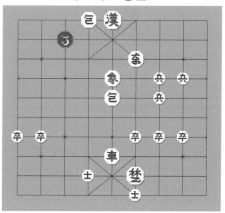

4. 멱풀기기술

- 멱풀기기술은 원리상으로는 길트기기술과 동일한 기술이지만 아군이 아닌 적의 수비수가 아군공격수의 길이나 멱을 막고 있는 경우에 쓰는 기술이다. 이 기술은 기물 희생을 이용하여 길을 막고 있는 수비수를 이동하게 만들어서 차기 공격수의 길이나 멱을 풀게 하는 기술로서, 직선길이나 대각선길이 열리게 된다. 이 기술은 외통 상황에서 요긴하게 쓸 수 있고, 묘수풀이 문제에도 자주 등장하는 고급기술 중 하나이다. 아래의 예들을 살펴보자.

아래의 경우는

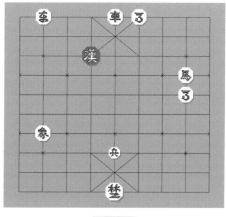

그림8

f10마의 멱을 e10 한차가 막고 있는 셈이다. 여기서 기발한 발상을 하자면 b10차를 d10으로 옮겨서 초차를 그냥 죽이는 것이다. 그 이유는 d10차를 잡기 위해 이동한 e10 한차가 자연스럽게 f10마의 멱을 풀어 주도록 만들기 위함이었는데 그 다음 초에서 준비된 수가 h마가 f7로 들어가 마장군을 부르는 것이다.

그 수순은 아래와 같다.

①b차d10장군!! ②e차Xd10차 ③h마f7장군#

이와 같이 멱풀기기술은 희생을 통해 그 다음 공격을 연결하는데 쓰인다.

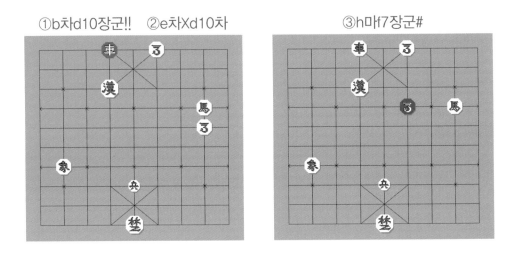

①b차d10장군!! ②e차Xd10차   ③h마f7장군#

다음 예제도 비슷한 발상에서 좋은 행마를 찾으면 된다.

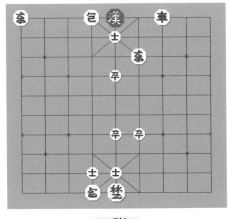

그림9

　상황을 분석해 보면 한에서 가장 약한 부위가 d10포가 있는 자리이다. 왜냐하면 a차와 d1포와 또 f8차가 모두 이 자리를 겨냥하고 있기 때문이다. 그런데 f8차의 길은 e9사가 길을 막고 있어서 위험이 쉽게 감지가 되지 않지만 만약 e9의 사 길만 열리면 금방 힘을 발휘하게 된다. 이것이 이 문제 해법의 열쇠인 것이다. 이런 구상을 바탕으로 멱풀기 개념과 결합을 하면 다음 수순을 발견할 수 있다.

①a차Xd10포장군! ②e사Xd10차 ③f차Xd10사장군#

①a차Xd10포장군!　②e사Xd10차　　　　　　③f차Xd10사장군#

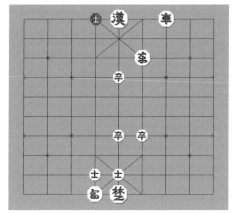 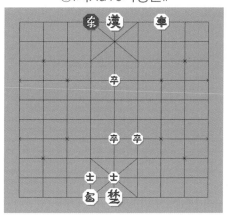

다음 문제도 비슷한 발상을 요구한다.

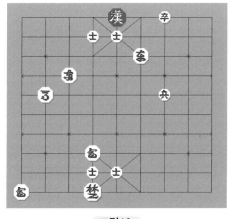

그림10

상황을 분석해 보면 c7상에 의해 d9사가 묶여있고 f8차가 d10자리에 힘을 가하는 길을 e9사가 막고 있다. 앞의 문제들과 비슷한 발상으로 e9사의 길을 여는 방법만 모색하면 된다. 그 첫수는 g졸을 희생하는 것이다! 그 수순은 다음과 같다.

①g졸f10장군!! ②e사Xf10졸 ③f차d10장군#

이처럼 g졸의 희생으로 f차의 멱이 풀려서 f차가 d10을 강타할 수 있고 게임이 외통으로 끝나게 된다. 이 개념이 멱풀기전술의 핵심이다.

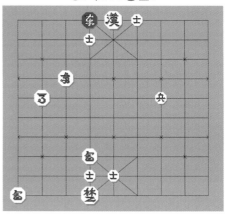

①g졸f10장군!!   ②e사Xf10졸   ③f차d10장군#

**지금까지 실전 외통 작전에서 자주 사용되는 주요 전술에 대해 알아보았습니다.
더 자세한 장기 전술에 대해서는
장기야 놀자 제 1권인 전술편을 참고 바랍니다.**

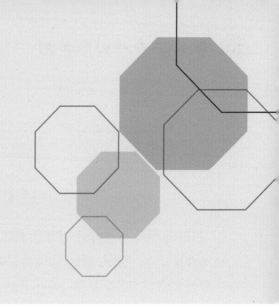

4장 │ 기본형 정리

4장

기본형 정리

이번 장에서는 앞에서 설명한 'KM 분류법'에 의한 최종 외통 모양의 기본형에 대해서 복습을 하는 시간을 갖는다. 독자들의 눈에 한눈에 들어올 때까지 훈련을 하도록 지면을 할애 하였다. 각 형을 보자마자 금새 어떤 기본형인지 인지하도록 연습하기 바란다.

외통 기본형

그림1 기본형 제1형

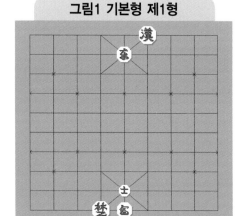

그림2 기본형 제2형

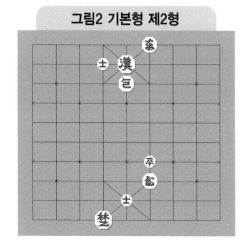

그림3 기본형 제3형

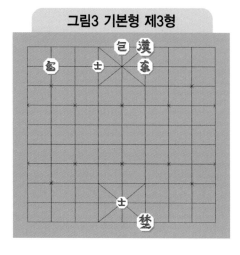

그림4 기본형 제4형

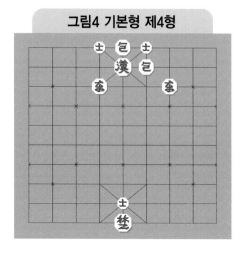

그림5 기본형 제5형

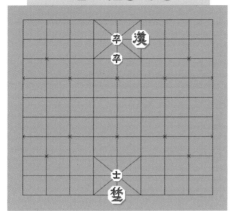

그림6 기본형 제6형

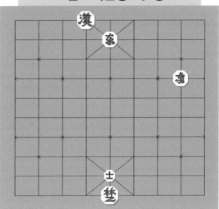

그림7 기본형 제7형

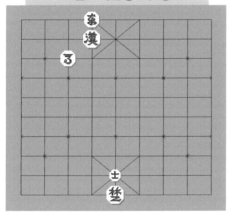

그림8 기본형 제8형

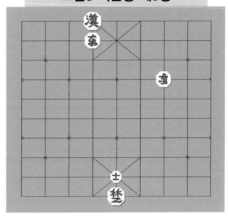

그림9 기본형 제9형

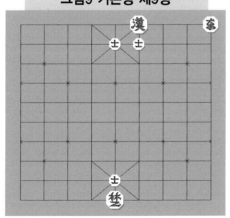

그림10 기본형 제10형

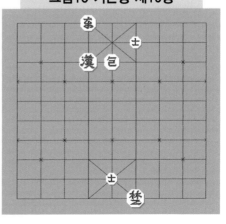

그림11 기본형 제11형

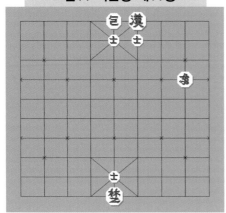

그림12 기본형 제12형

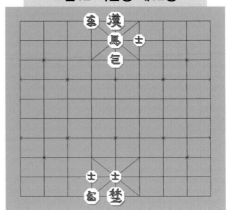

그림13 기본형 제13형

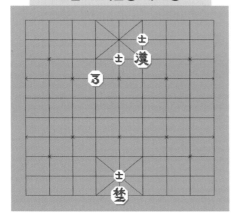

그림14 기본형 제14형

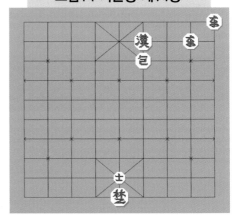

그림15 기본형 제15형

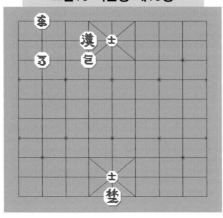

그림16 기본형 제16형

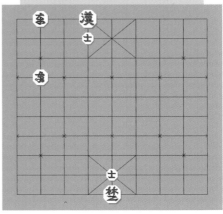

그림17 기본형 제17형

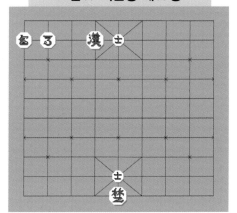

그림18-1 기본형 제18(A)형

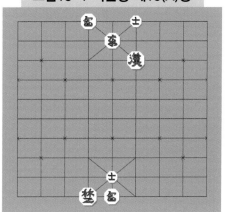

그림18-2 기본형 제18(B)형

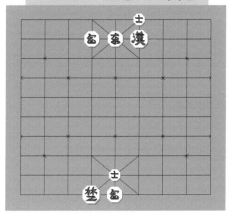

그림19-1 기본형 제19(A)형

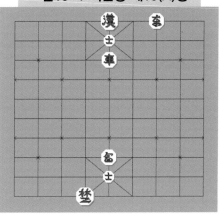

그림19-2 기본형 제19(B)형

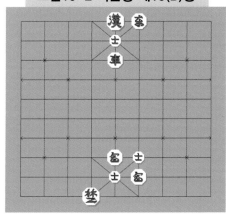

그림19-3 기본형 제19(C)형

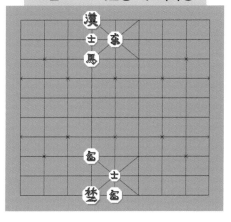

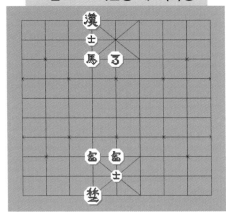

그림19-4 기본형 제19(D)형

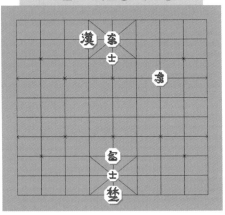

그림20 기본형 제20형

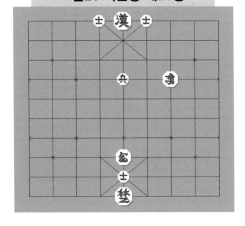

그림21 기본형 제21형

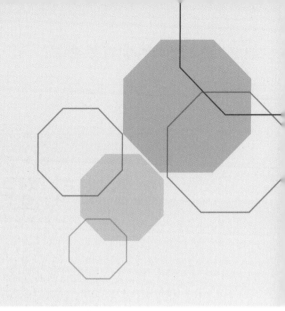

5장　외통 전략 정리
및 첫수 찾는 요령

5장

외통 전략 정리 및 첫수 찾는 요령

어떤 상황이 발생하면 그 모양이 최종 외통 형태로 갈 수 있는 모양인지 아닌지를 판단하는 형세판단과 수읽기가 아주 중요하다. 우선 적 궁성의 형태가 앞에서 언급했던 우형 (외사/민궁/사면초가/측궁/천궁/궁중마/궁중포/궁중상)인지 아닌지 여부를 판단하고, 그 우형은 아직 아니지만 만약 공격을 통해 그 우형을 만들 수 있는지를 수읽기해 보고 호장, 전술 등 모든 수단과 방법을 동원하여 앞에서 살펴본 21개의 기본형에 도달할 수 있는지 그 과정을 살펴보는 것이 중요하다. 기본형을 염두에 두고 외통 모양을 만들어 가는 방법에는 다음과 같이 두 가지 방법이 있다.

1. 힘에 의해 외통으로 이기는 제1형~12형인 경우는 우선 선발대가 궁성의 한 지점에 힘을 가하는 1단계를 거쳐서 그 지점에 더 많은 힘을 합하는 전략으로 가면 되는데, 처음 모양에서 외통 모양까지 최종 마무리 공격수가 외통 지점에 '장군을 부르면서' 선수로 자연스럽게 힘의 합치점에 합류하는 '힘을 합치는 수법'을 익히면 좋다.

2. 시작모양 (상황) → 중간과정 → 최종 외통모양이라면 중간과정에서 각종 전술로 연장군을 부르면서 수비수제거/봉쇄/유인/길트기/멱풀기/뜰장/묶기/양수겸장 등 '전술로 외통환경을 만드는 수법'을 익히면 좋다.

외통 전략을 간단히 부연하자면 다음과 같다.

　외통의 상황이 발생하면 우선 선수로 힘을 가하는 기물을 설치하거나 왕이 도망갈 도피처를 차단하고, 호장 또는 전술로 외통 바로 전 모양을 만드는 것이 중요하다. 즉, 호장의 수순을 잘 정하는 전략수립을 한 후 전술을 활용한 각종 수단을 잘 조합하여 최종적인 외통 모양으로 연결한다.

아래의 요약표를 보면서 앞에서 공부했던 21개의 외통 기본형을 복습해 보자.

번호	외통 기본형	세부사항(공격 기물/공격위치)	외통 전략 그룹
1	기본형 제1형	포+차 (중앙)	힘이 모이는 곳 찾기
2	기본형 제2형	포+차 (귀)	
3	기본형 제3형	포+차 (면&중)	
4	기본형 제4형	차+차 (모든 지점)	
5	기본형 제5형	졸+졸 / 졸에 의한 외통승 (모든 지점)	
6	기본형 제6형	마&상+차 (중앙)	
7	기본형 제7형	마&상+차 (귀)	
8	기본형 제8형	마&상+차 (면&중)	
9	기본형 제9형	사면초가 급소 외통	적 왕의 급소 찾기
10	기본형 제10형	천궁 외통	
11	기본형 제11형	질식형(목조름) 외통	
12	기본형 제12형	멍포&멍마&멍상 급소	
13	기본형 제13형	부동 형태 호장형	도피처 차단하기
14	기본형 제14형	두 줄 / 두 선 장악외통	
15	기본형 제15형	두 점 장악형	
16	기본형 제16형	중앙봉쇄형	
17	기본형 제17형	기습포장외통	포 스킬
18	기본형 제18형	포 / 차 합동작전	
19	기본형 제19형	포로 기물 묶기	
20	기본형 제20형	포 이외 기물 묶기	전술관련
21	기본형 제21형	양수겸장(Double Check)	

첫수 찾는 요령

상황을 접할 때 기물들의 배치 상태를 분석하여 **최종적인 외통 형태를 추측**해 보는 것이 **키 포인트**이다. 앞에서 연습하였던 다양한 형태의 외통 기본형을 미리 머리에 그려서 그 필요한 과정을 상정해 본다. 즉, 왕을 잡는 전략을 논리적으로 짜야 한다. 그러다 보면 키(Key)가 되는 첫수를 찾을 수 있게 된다.

이 단계에서는 장군을 부르는 호장 수순이 대단히 중요하다.

호장할 수 있는 수가 외길 수순이라면 단순히 수읽기를 하면서 그 길을 따라가면 좋으나 처음부터 선택해야 하는 호장수가 많다면 무조건 하나씩 모두 기계적으로 수읽기를 할 수도 없고 너무 복잡하여 머리가 꼬여 버린다.

가장 좋은 방법은 **가능한 시나리오를 머리에서 생각하면서 그에 필요한 전술을 수읽기** 하다 보면 **문제의 형태에 적절한 전략과 전술을 발견**할 수 있게 된다. 이때 주목해야 할 점은 전혀 일어날 것 같지 않은 손해 보는 수도 고려 대상에 반드시 넣어야 한다는 것이다. 아이러니 하게도 이런 어처구니없어 보이는 희생 수 (묘수)가 정답인 경우도 있다.

그리고 기묘한 모양, 기묘한 희생도 고려대상에 넣는 것이 중요하다. 해법 과정의 대부분 수순은 유인하는 행마가 많은데, 예를 들어 적 왕을 공격에 유리한 위치로 유인하거나 상대의 수비 기물이 자신의 왕의 퇴로를 봉쇄하도록 유인 또는 강요하는 수순이 긴 경우가 대부분이다.

이해를 돕기 위해 다음의 묘수풀이 문제를 가지고 첫수를 찾는 방법을 생각해 보자.

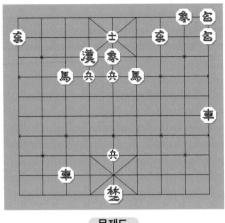

문제도

이 문제의 첫수로는 다음의 5가지의 선택수가 있다.

1. a9차 a8장군

2. a9차X e9사 장군

3. a9차 d9장군

4. g9차X e9사 장군

5. i10포f10 장군

이 5가지 가능수 중 해답의 첫수는 무엇일까?

시작도로부터 아래 그림의 예상되는 외통 형태를 그리게 되면 그 시나리오를 대충 머리 속에서 그릴 수 있다. 즉 차를 죽여서 적의 마를 궁의 중앙에 오게 궁중마를 만들게 강요하여, 이 마가 적 왕이 도망 못 가게 봉쇄를 하는 역할을 하게 하고 아군의 포다리 역할도 하게 만든다.

또 다른 차를 죽여서 다른 마를 궁중에 끌어 들인 후 i에 있는 한포가 이를 다리 삼아 d10에 사뿐히 일차적으로 안착을 한 후 다시 징검다리를 건너 가듯이 e9의 적의 마 다리를 이용하여 펄쩍 뛰어 f8로 가서 장군을 불러 외통승을 하는 스토리를 생각하면서 수읽기를 해 본다.

앞에서 공부한 두 선 (8선과 9선)을 포로 장악하는 최종 외통 형태 (외통 기본형 제14형)를 그리게 되면 첫수는 4번째 경우의 수인 g9차로 e9사를 잡고 죽는 희생수가 가장

유력하게 된다. 이런 생각 과정을 많이 훈련/연습하고 그 수법에 익숙하게 되면 전략적
이고 전술적인 사고방식이 몸에 붙게 된다. 아래 해답과 그림을 보면서 설명을 다시 음
미하시기 바란다.

(그림 해답): ①g차Xe9사 장군 ②f마Xe9차 ③a차d9장군 ④c마Xd9차 ⑤i포d10장군
⑥d마b8 ⑦d포f8장군#

①g차Xe9사 장군   ②f마Xe9차

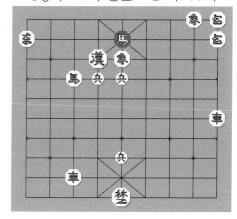

③a차d9장군   ④c마Xd9차

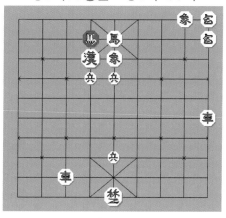

⑤i포d10장군   ⑥d마b8

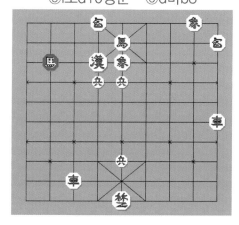

⑦d포f8장군#

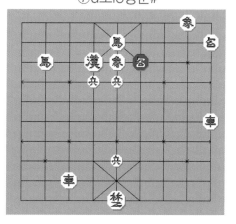

이제까지 '통쾌한 장기 외통수 21' 책을 탐독해주신
독자 분들께 감사의 인사를 드리면서 연습문제를 마지막으로 책을 마치겠습니다.
감사합니다.

통쾌한 장기
외통수 21

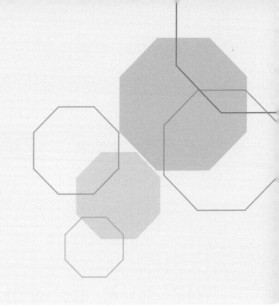

6장　연습 문제

6장

연습 문제

연습 문제를 풀기에 앞서서..

이 장에서는 여러분들의 자가 훈련을 위해서 실전에서 자주 나오는 외통수 유형의 문제만 모았고 이를 통해 앞에서 학습한 외통 기본형에 대해 완전히 숙지하도록 훈련하시기 바란다. 우선 각 문제에 대한 외통 수순을 찾고 각 문제가 어떤 기본형에 해당하는지를 맞추어 보기 바란다. 경우에 따라서는 한 문제를 몇 개의 외통형으로 해석이 가능한 경우도 생길 수는 있지만 그 외통 기본형을 크게 분류하고 체계화시킨다는 의미에 중점을 두기 바란다.

연습 문제의 모든 문제를 풀 때는 마치 대국을 한다는 기분으로 상황에서 적절한 해답을 찾도록 한다. 본 연습 문제에서는 문제에 대한 정보를 (총 수순 수 및 어떤 기본형인지) 전혀 알려주지 않고, 무작위로 문제를 배열하였다. 그 이유는 대국을 하는 중에는 무슨 기본형인지 알려주는 사람도 없고, 본인이 스스로 상황을 보고 수읽기를 통해 찾아야 하기 때문이다. 스스로 문제를 풀어보고 해답편에서 본인의 해답과 모범 해답이 맞는가 확인을 하면 된다. 해답편에서는 외통으로 이기는 수순을 그림과 더불어 해설을 하고 각 문제의 외통 형태에 해당하는 기본형을 명시하였다.

앞에서도 언급했듯이 모든 연습 문제에서는 모두 초차례이고 빅장은 없는 것으로 룰을 정한다

문제 1

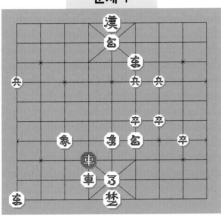

문제 2

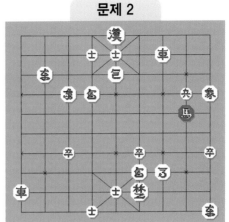

문제 3

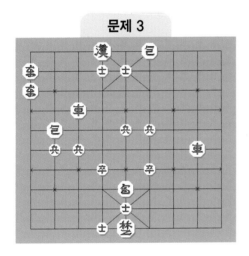

문제 4

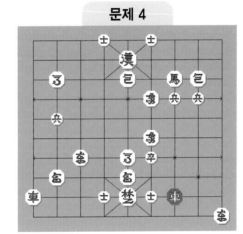

문제 5

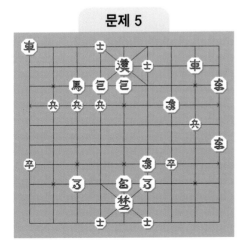

문제 6

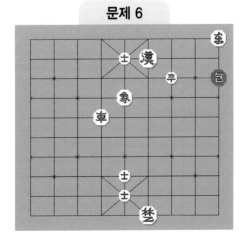

문제 7

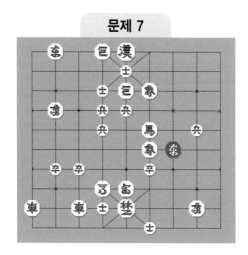

문제 8

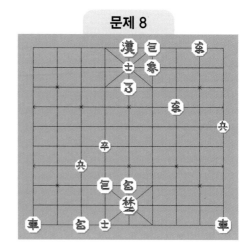

문제 9

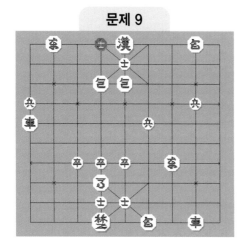

문제 10

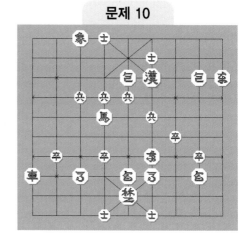

문제 11

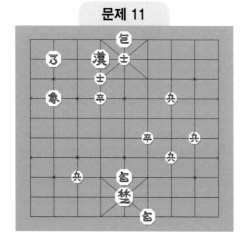

문제 12

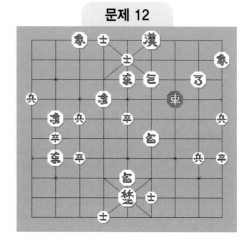

문제 13

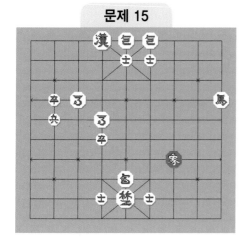

문제 14

문제 15

문제 16

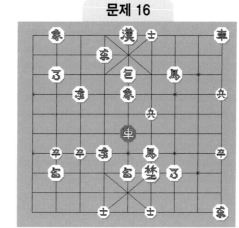

문제 17

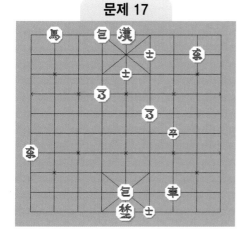

문제 18

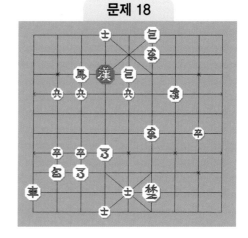

문제 19

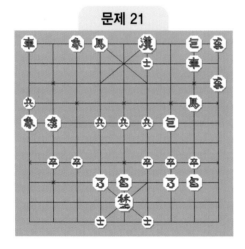

문제 20

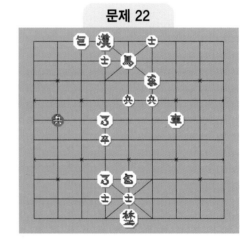

문제 21

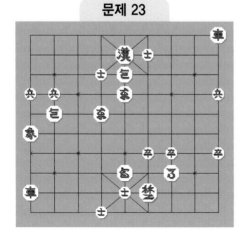

문제 22

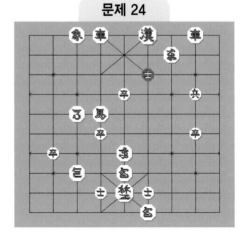

문제 23

문제 24

문제 25

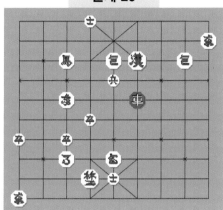

문제 26

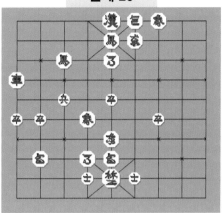

문제 27

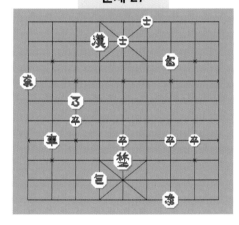

문제 28

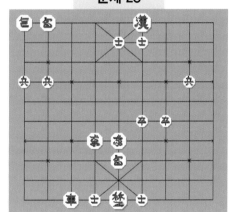

문제 29

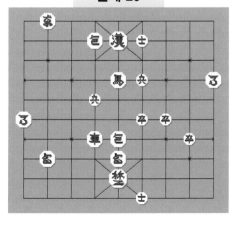

문제 30

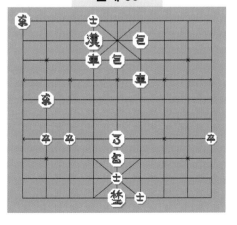

문제 31

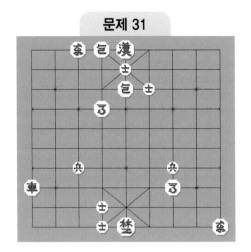

문제 32

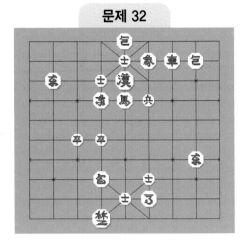

문제 33

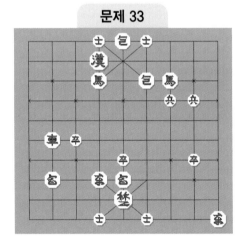

문제 34

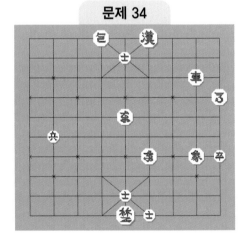

문제 35

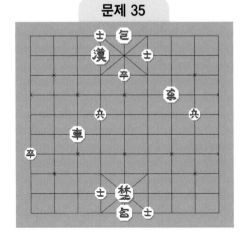

문제 36

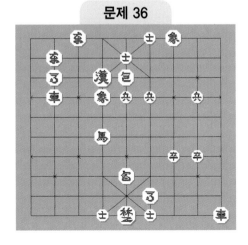

문제 37

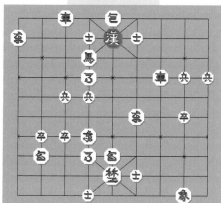

문제 38

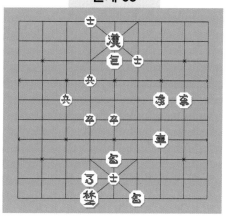

문제 39

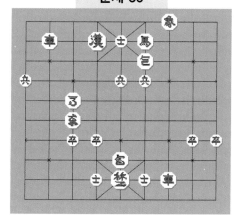

문제 40

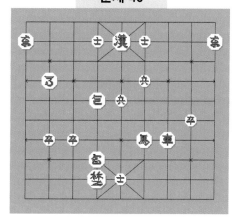

문제 41

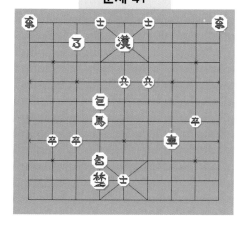

문제 42

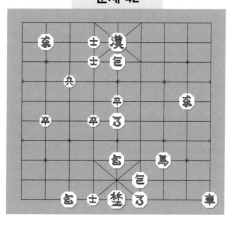

문제 43

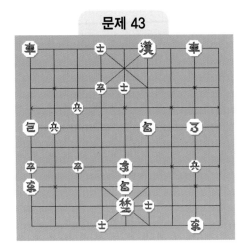

문제 44

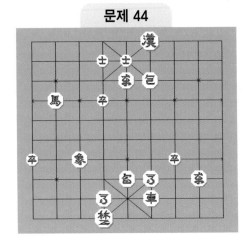

문제 45

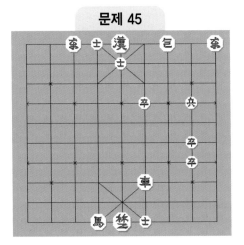

문제 46

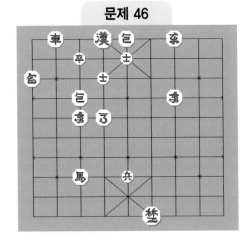

문제 47

문제 48

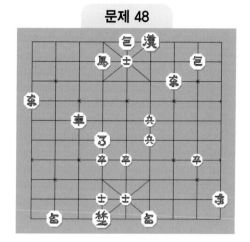

문제 49

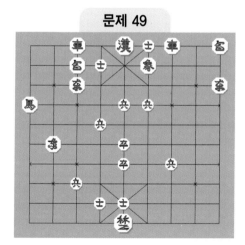

문제 50

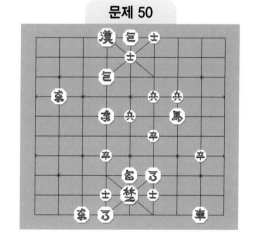

외통수 연습 문제 해답

문제 1 외통 기본형 제2형

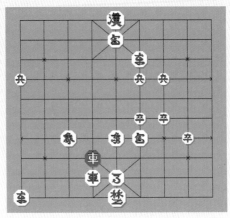

문제도 1

이 문제의 첫수를 금새 발견하는 독자라면 전술 감각이 뛰어나다고 할 수 있다. 현재 e9초포가 초차의 길을 막고 있는 셈이어서 선수로 차길을 열어서 한왕을 부동의 형태로 만들어야 한다. 그 다음 초가 준비한 수는 e4상을 희생하여 f4포의 길을 막고 있는 한의 f7병을 강제 이동하여 멱풀기를 하도록 강요하는 수이다. 그 후 f8차가 f10자리에 붙어서 호장을 하면 외통 기본형 제2형으로 깨끗이 게임을 끝낼 수 있다. 그 수순은 다음과 같다. 총 5수 만에 이기는 수순은 다음과 같다.

①e9포e3장군!! ②d3차Xe3포 ③e4상Xg7병장군!! ④f병Xg7상 ⑤f8차f10장군#

①e9포e3장군!! ②d3차Xe3포 ③e4상Xg7병장군 ④f병Xg7상!!

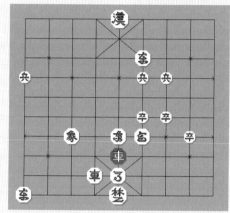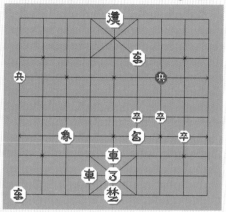

⑤f8차f10장군#

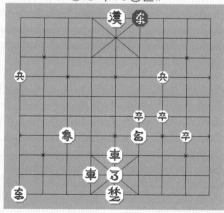

문제 2 외통 기본형 제20형

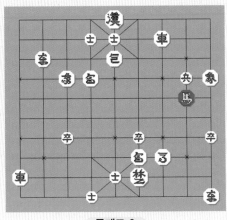

문제도 2

c7상이 d9사를 묶고 있는 상황을 이용하면 3수 만에 제20형으로 이길 수 있다. 해답 수순은 다음과 같다.

①b차b10장군 ②e9사d10 ③b차Xd10사장군#!

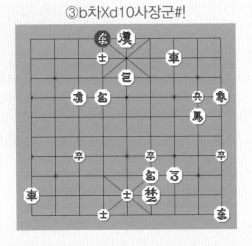

문제 3 외통 기본형 제1형

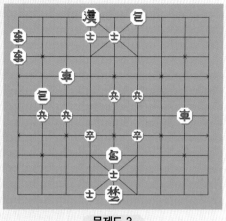

초는 a9차를 희생하여 5수 만에 제1형
으로 이길 수 있다. 만약 2수에서 한왕
으로 초차를 잡아도 a7초차가 다시 9선
으로 가서 호장을 하여 결과는 똑 같이
된다. 첫수에 a9차를 희생하는 발상을
익혀두기 바란다. 그 해답을 정리하자면
다음과 같다.

문제도 3

①a차Xd9사장군! ②e사Xd9차 ③a차f8장군 ④d사e9 ⑤f차Xe9사장군#

①a차Xd9사장군!　②e사Xd9차

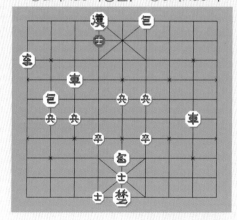

③a차f8장군　④d사e9

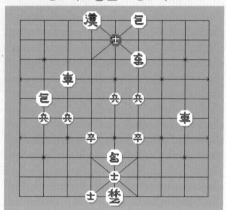

⑤f차Xe9사장군#

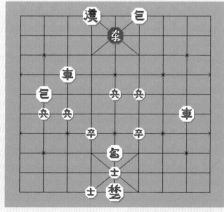

외통 기본형 제7형

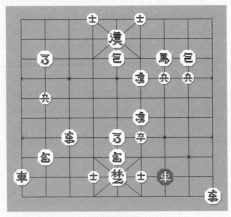

초는 마/포/차/상의 합동작전으로 7수
만에 제7형으로 이긴다.
그 수순은 다음과 같다.

문제도 4

①b마d7장군 ②e9장e10 ③b포b10장군! ④d10사d9 ⑤c차c10장군 ⑥d사d10 ⑦c차
Xd10사장군#

①b마d7장군 ②e9장e10

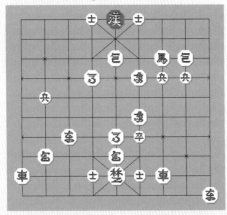

③b포b10장군! ④d10사d9

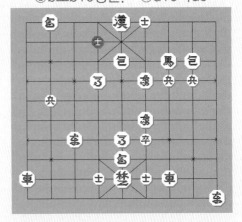

⑤c차c10장군 ⑥d사d10

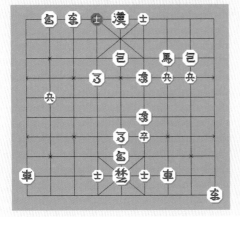

⑦c차Xd10사장군#

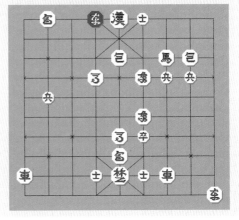

문제 5 외통 기본형 제14형

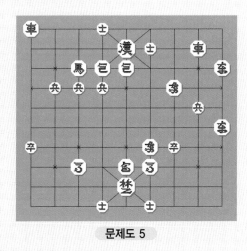

문제도 5

초가 우선 차를 희생해서 면포를 제거한 후 9수 만에 제14형으로 이길 수 있다.
e줄을 면포로 장악하고 f줄을 차로 양 줄을 장악하여 이기는 외통 모양이다.
해답 수순은 다음과 같다.

①i차Xe8포장군! ②e장Xe8차 ③c마e4장군 ④d병e7 ⑤e마d6장군 ⑥e병d7 ⑦g상e4장군 ⑧e장f8 ⑨i차f5장군#

①i차Xe8포장군!　②e장Xe8차

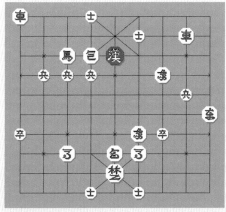

③c마e4장군　④d병e7

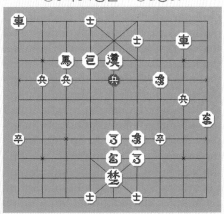

⑤e마d6장군　⑥e병d7　　　⑦g상e4장군　⑧e장f8

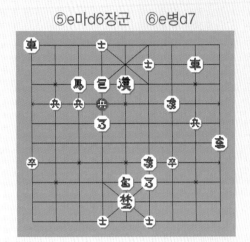

⑨i차f5장군#

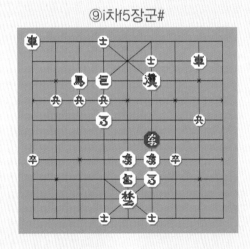

문제 6 외통 기본형 제14형

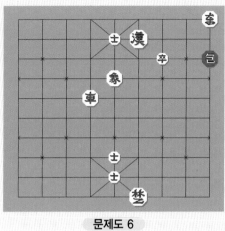

문제도 6

초가 3수 만에 졸과 차로 두 선을 장악하여 이기는 외통 형태 (제14형)가 나온다.
해답 수순은 다음과 같다.

①g8졸g9장군 ②f장f8 ③i차Xi8포장군#

①g8졸g9장군　②f장f8

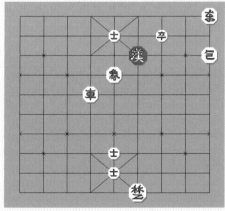

③i차Xi8포장군#

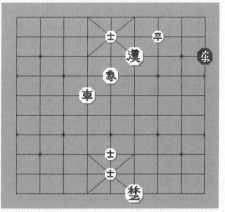

문제 7 외통 기본형 제7형

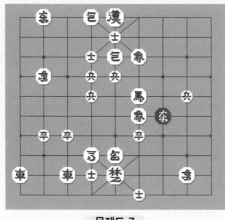

문제도 7

한의 e9사가 d10자리를 지키는 일과 f10자리를 지키는 이중일을 하고 있다. 초는 이를 이용하여 3수 만에 제7형으로 이길 수 있다. 해답 수순은 다음과 같다.

①g차g10장군 ②e사f10 ③b차Xd10포장군#

①g차g10장군 ②e사f10   ③b차Xd10포장군#

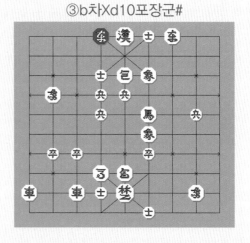

문제 8 외통 기본형 제9형

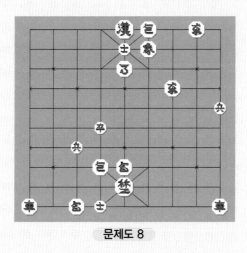

문제도 8

한의 면 줄이 초의 e3포로 인해 약한 것을 이용하여 첫수에 차를 희생한 후 3수 만에 제9형으로 이길 수 있다. 해답 수순은 다음과 같다.

①h차Xf10포장군 ②e장Xf10차 ③g차g10장군#

①h차Xf10포장군 ②e장Xf10차   ③g차g10장군#

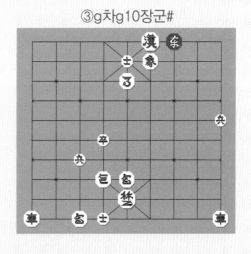

문제 9 외통 기본형 제18형

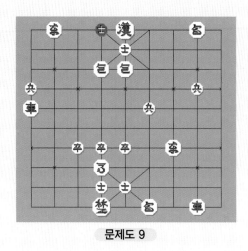

문제도 9

초가 3수 만에 제18형으로 쉽게 이길 수 있다. f1포와 h10초포가 좋은 자리에 있어서 이런 외통 형태가 가능한 것이다. 그 수순은 다음과 같다.

①g차g10장군 ②d포f10 ③g차Xf10포장군#!!

①g차g10장군 ②d포f10 　　　　　　　　　　③g차Xf10포장군# !!

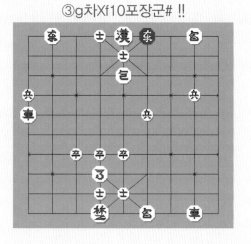

문제 10 외통 기본형 제18형

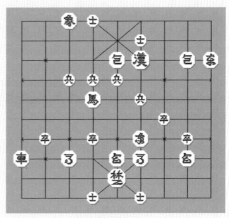

초의 첫수는 예리하게 차가 포를 잡는 장군수이다. 만약 2수에서 e7포로 차를 잡으면 ③f4상i6장군#으로 더 쉽게 끝나므로 한왕이 2수에서 e9로 피신해야 하고 계속해서 초는 선수로 공격하는 수순이 있어서 총 7수 만에 제18형으로 이긴다. 해답 수순은 다음과 같다.

문제도 10

①i차Xh8포장군!! ②f장e9 ③h차Xe8포장군 ④e장d9 ⑤h포h9장군! ⑥f사f10 ⑦e차e9장군#

①i차Xh8포장군!!   ②f장e9

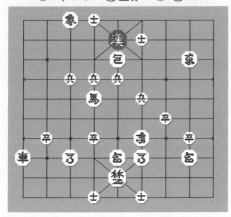

③h차Xe8포장군   ④e장d9

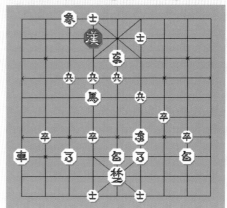

⑤h포h9장군! ⑥f사f10

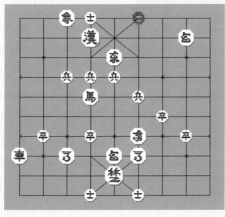

⑦e차e9장군#

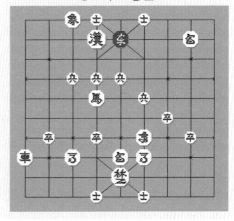

문제 11 외통 기본형 제17형

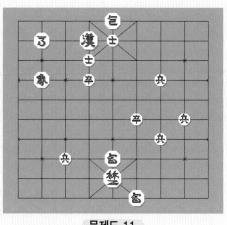

초가 포와 마의 합동작전으로 5수 만에
제17형으로 이길 수 있다.
해답 수순은 다음과 같다.

문제도 11

①f포f9장군 ②e사e8 ③f포c9 ④d장d10 ⑤c포a9장군#

①f포f9장군　②e사e8

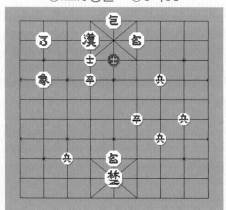

③f포c9　④d장d10

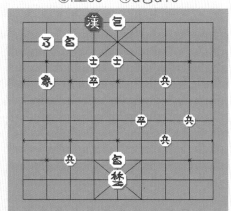

⑤c포a9장군#

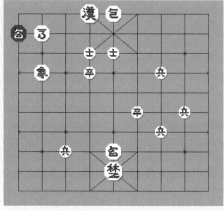

문제 12 외통 기본형 제14형

초의 차를 희생하는 3수가 묘수이다.
차의 희생을 통해 한왕을 f10에 유인하
여 f포를 이용하여 7수 만에 e줄과 f줄을
장악하여 제14형으로 이긴다.

해답 수순은 다음과 같다.

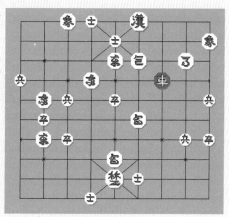

문제도 12

①e차Xf8포장군 ②f장e10 ③f차f10장군!! ④e장Xf10차 ⑤e졸f6장군 ⑥i상f7
⑦f졸Xf7상장군#

①e차Xf8포장군 ②f장e10

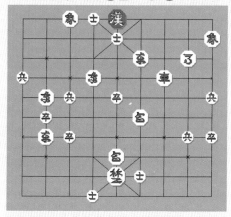

③f차f10장군 ④e장Xf10차

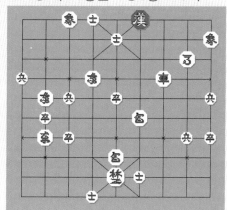

⑤e졸f6장군 ⑥i상f7

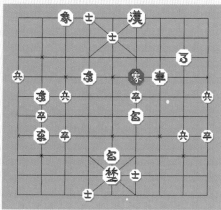

⑦f졸Xf7상장군#

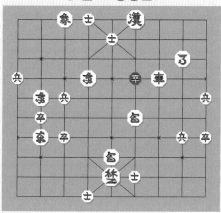

문제 13 외통 기본형 제13형

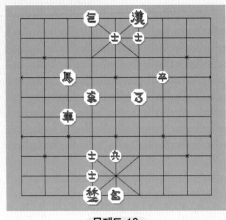

문제도 13

첫수로 초의 차를 희생하여 e9 한사를 유인하여 3수 만에 제13형(부동형)으로 이길 수 있다. 그 수순은 다음과 같다.

①d차Xd10포장군 ②e사Xd10차 ③f마g8장군#

①d차Xd10포장군　②e사Xd10차

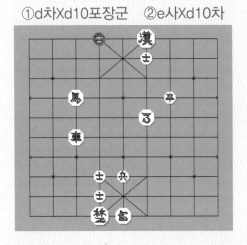

③f마g8장군#

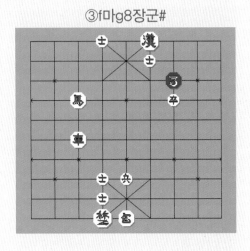

문제 14 외통 기본형 제6형

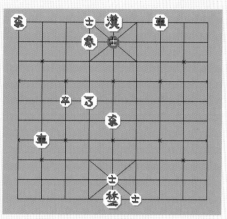

초는 첫수로 차를 희생하여 한왕을 유
인한 후 초차와 마의 합동작전으로 5수
만에 제6형으로 이긴다.

그 수순은 다음과 같다.

①a차Xd10사장군 ②e장Xd10차 ③d마c8장군 ④d장e10 ⑤e차Xe9사장군#

①a차Xd10사장군　②e장Xd10차　　　　③d마c8장군　④d장e10

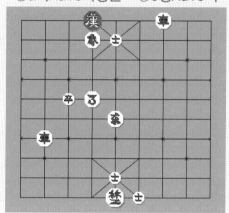

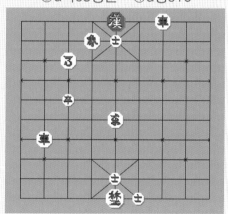

⑤e차Xe9사장군#

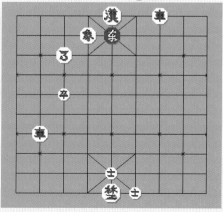

문제 15 외통 기본형 제15형

한왕은 측궁이 되어 있어서 취약하다. 초에서는 양마를 이용하여 5수 만에 제15형으로 두 군데를 장악하여 이긴다. 그 과정에서 뜰장기술을 이용한다. 그 수순은 다음과 같다.

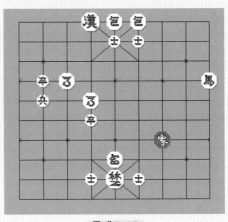

문제도 15

①d마c8장군 ②d장d9 ③c8마a7장군 ④d장d10 ⑤a7마b9장군#

①d마c8장군　②d장d9

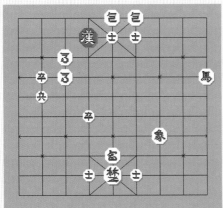

③c8마a7장군　④d장d10

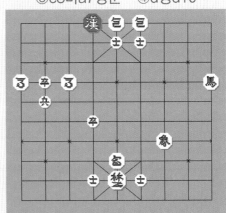

⑤a7마b9장군#

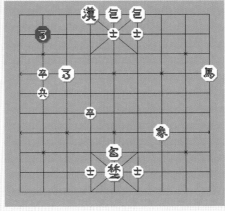

문제 16 외통 기본형 제15형

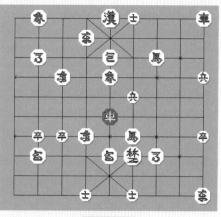

초는 첫수로 뜰장기술을 이용하여 한왕을 d줄로 유인하여 5수 만에 제15형(두 점 장악)으로 이긴다. 수순은 다음과 같다.

문제도 16

①d차c9장군 ②e장d10 ③d상f7장군 ④g마e9 ⑤c차c10장군#

①d차c9장군　②e장d10

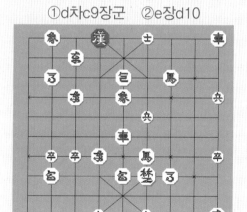

③d상f7장군　④g마e9

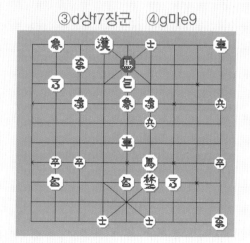

⑤c차c10장군#

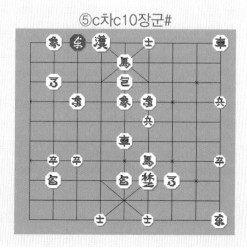

문제 17 외통 기본형 제6형

초는 한의 e9자리에 3개의 기물로 집중
적으로 힘을 모아서 공략하여 5수 만에
제6형으로 이기는 수순이 있다.
그 수순은 다음과 같다.

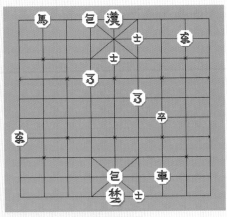

문제도 17

①a차e4 ②e사e9 ③e차e9사장군 ④f사e9차 ⑤h차e9사장군#

①a차e4 ②e사e9

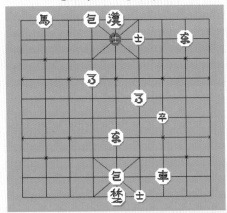

③e차e9사장군   ④f사e9차

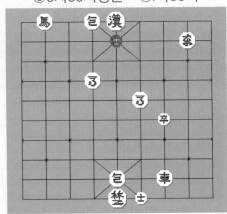

⑤h차e9사장군#

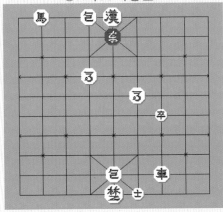

문제 18 외통 기본형 제17형

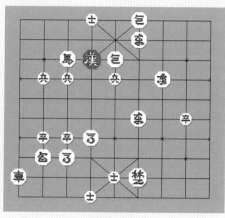

문제도 18

초는 한의 d줄이 약한 것을 이용하여 첫수로 포를 배치한 후 9수 만에 제17형으로 이긴다. 그 수순은 다음과 같다.

①b포d3장군 ②c병d7 ③d마c6장군 ④d병c7 ⑤f차Xf10포장군 ⑥d사e9 ⑦f차d5장군 ⑧e병d7 ⑨d차Xd7병장군++#

①b포d3장군　②c병d7　　　　　③d마c6장군　④d병c7

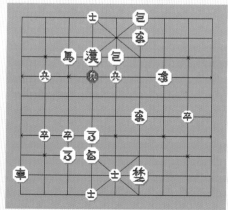
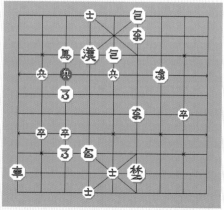

⑤f차Xf10포장군　⑥d사e9　　⑦f차d5장군　⑧e병d7

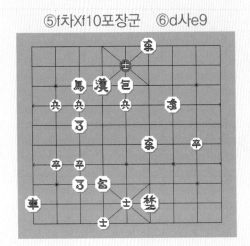

⑨d차Xd7병장군++#

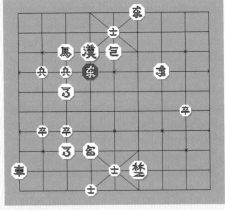

문제 19 외통 기본형 제1형

초는 3개의 기물을 한의 e9자리에 투입
시켜 힘으로 이기면 되는데, 5수 만에
외통 제1형으로 이긴다. 이렇게 힘을 모
으는 수법을 잘 기억해 두면 좋다.
수순은 다음과 같다.

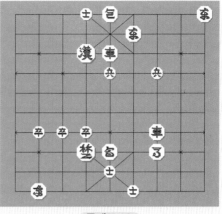

문제도 19

①i차f10장군 ②d사e9 ③f차Xe9사장군 ④e차Xe9차 ⑤f차Xe9차장군#

①i차f10장군   ②d사e9   ③f차Xe9사장군   ④e차Xe9차

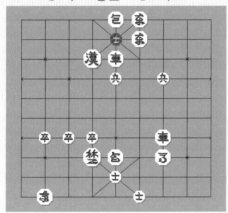

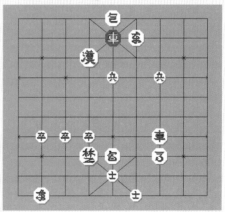

⑤f차Xe9차장군#

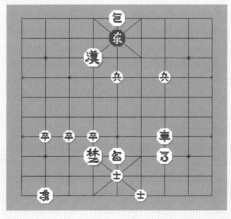

문제 20 외통 기본형 제5형

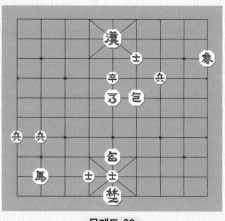

초는 포/마/졸의 합동작전으로 7수 만에
제5형으로 이길 수 있다.
수순은 다음과 같다.

문제도 20

①e졸f7장군 ②f사e8 ③f졸f8장군 ④e장d10 ⑤f졸Xe8사 ⑥g병f7 ⑦e졸e9장군#

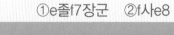

①e졸f7장군　②f사e8

③f졸f8장군　④e장d10

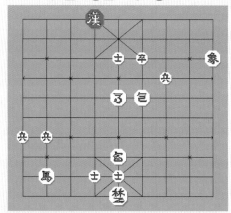

⑤f졸Xe8사　⑥g병f7

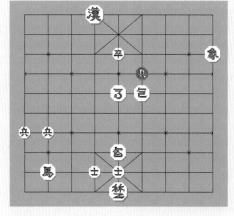

⑦e졸e9장군#

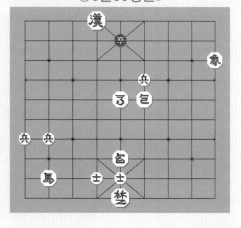

문제 21 외통 기본형 제1형

초는 3수에서 수비수 이탈 강요 기술을
이용하여 총 5수 만에 제1형으로 이길 수
있다. 그 수순은 다음과 같다.

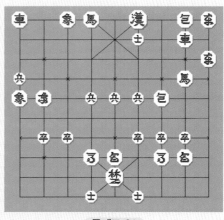

문제도 21

①i차d8장군 ②f사e9 ③i차Xh10포장군! ④h차Xh10차 ⑤d차Xe9사장군#

①i차d8장군 ②f사e9

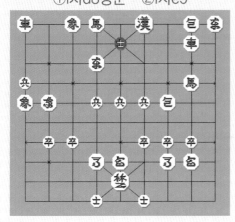

③i차Xh10포장군! ④h차Xh10차

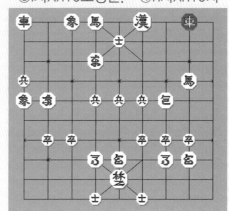

⑤d차Xe9사장군#

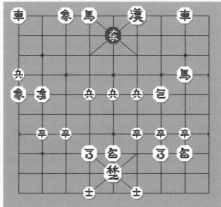

문제 22 외통 기본형 제18형

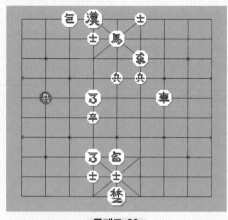

초는 초포/초마/초차 합동작전으로
5수 만에 제18형으로 이긴다.
수순은 다음과 같다.

문제도 22

①d마c8장군 ②d장e10 ③e포e8장군 ④e마g10 ⑤f차e9장군#

①d마c8장군 ②d장e10

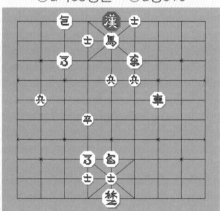

③e포e8장군 ④e마g10

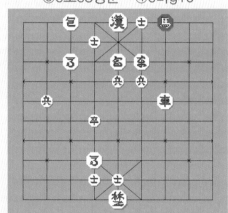

⑤f차e9장군#

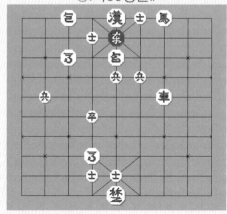

문제 23 외통 기본형 제14형

초는 차를 희생한 후 한왕을 천궁으로
유인한 후 e줄과 f줄 두 줄을 장악하여
5수 만에 제14형으로 이긴다.
그 수순은 다음과 같다.

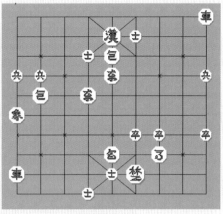

문제도 23

①e차Xe8포장군 ②e장Xe8차 ③g마e4장군 ④e장f8 ⑤d차f6장군#

①e차Xe8포장군　②e장Xe8차

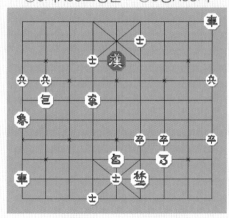

③g마e4장군　④e장f8

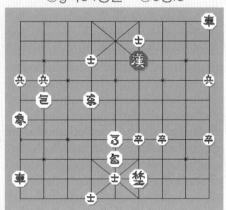

⑤d차f6장군#

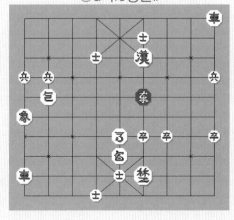

문제 24 외통 기본형 제20형

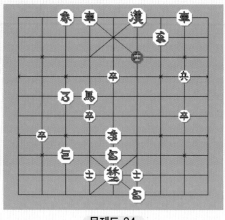

문제도 24

초에서 양 포를 이용하여 e줄과 f줄을 장악한 후 한왕을 공략하여 총 15수 만에 묶기기술을 이용하여 제20형으로 이긴다. 그 수순은 다음과 같다.

①f포f3장군 ②f사e9 ③e졸f7장군 ④d마f5 ⑤f포f6장군 ⑥f장e10 ⑦e상c7장군++ ⑧e사d9 ⑨e포e1장군 ⑩c상e7 ⑪e포e6장군 ⑫e상b9 ⑬c마e7장군 ⑭d차e9 ⑮g차 Xe9차장군#

①f포f3장군　②f사e9

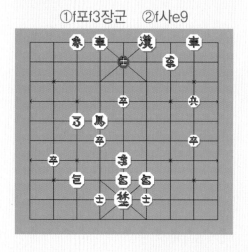

③e졸f7장군　④d마f5

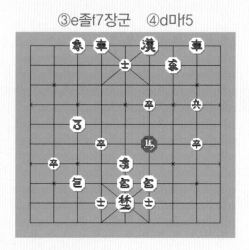

⑤f포f6장군 ⑥f장e10

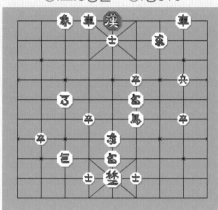

⑦e상c7장군++ ⑧e사d9

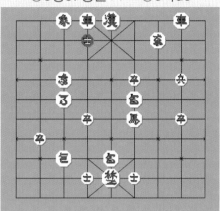

⑨e포e1장군 ⑩c상e7

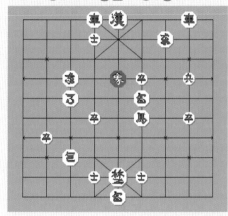

⑪e포e6장군 ⑫e상b9

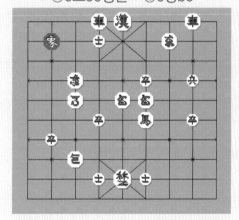

⑬c마e7장군 ⑭d차e9

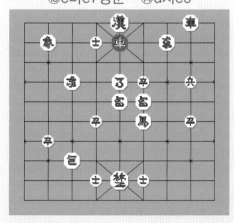

⑮g차Xe9차장군#

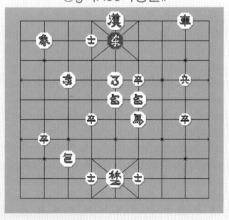

문제 25 외통 기본형 제16형

초가 수비지역 이탈 강요 기술을 이용하여 5수 만에 이기는 수순이 있다.

첫수로 차를 희생하여 f줄의 한차를 수비지역 이탈하게 한 후 a차를 이용해 f줄에서 제16형으로 이길 수 있다. c6초상이 e9자리를 봉쇄한 점을 눈 여겨 보기 바란다. 수순은 다음과 같다.

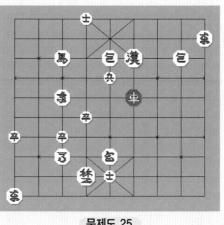

문제도 25

①i차f6 ②f차Xi6차 ③a차f1장군 ④i차f6 ⑤f차Xf6차장군#

①i차f6　②f차Xi6차

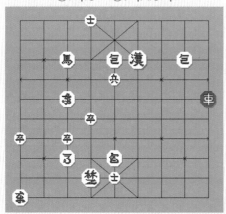

③a차f1장군　④i차f6

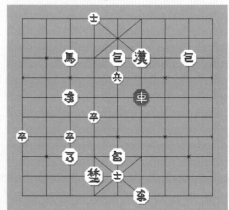

⑤f차Xf6차장군#

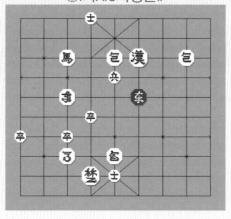

문제 26 외통 기본형 제1형

한의 e9 궁중마로 인하여 초는 7수 만에 제1형으로 이길 수 있다. 그 정교한 외통 수순은 다음과 같다.

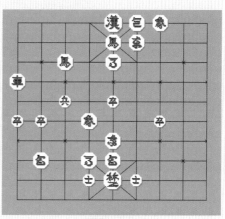

문제도 26

①e마c9장군 ②e장d10 ③f차Xf10포장군 ④d장d9 ⑤b포b9장군 ⑥d장d8 ⑦f차Xe9마장군#

①e마c9장군   ②e장d10

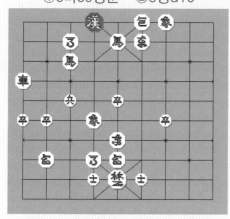

③f차Xf10포장군   ④d장d9

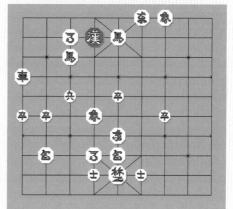

⑤b포b9장군   ⑥d장d8

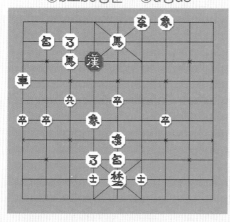

⑦f차Xe9마장군#

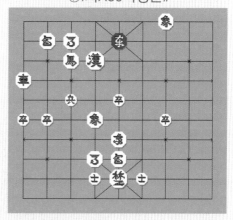

문제 27 외통 기본형 제16형

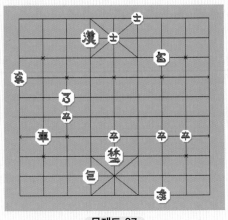

초는 초마와 초차의 합동공격으로 7수 만에 제16형으로 이길 수 있다. 초마가 e9자리를 봉쇄하는 수법을 다음 해답 수 순에서 확인하길 바란다.

수순은 다음과 같다.

문제도 27

①c마e7장군 ②e사e8 ③a차a9장군 ④d장d10 ⑤e마c8장군 ⑥d장e10 ⑦a차a10장군#

①c마e7장군   ②e사e8

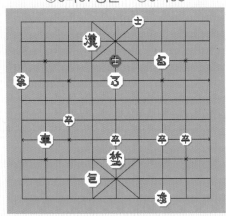

③a차a9장군   ④d장d10

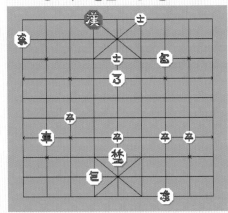

⑤e마c8장군   ⑥d장e10

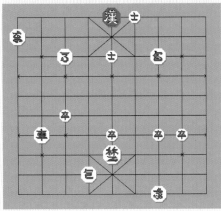

⑦a차a10장군#

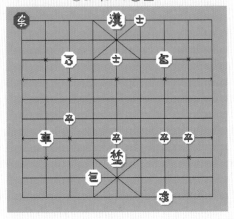

문제 28 외통 기본형 제3형

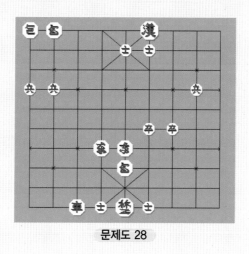

문제도 28

b10포가 좋은 자리를 차지하고 있다. 이 포의 힘을 얻어 d차가 한 궁성으로 진입할 수 있고 쉽게 제3형으로 이긴다. 수순은 다음과 같다.

①d차d10장군 ②e사e10 ③d차Xe10사장군#

①d차d10장군　②e사e10

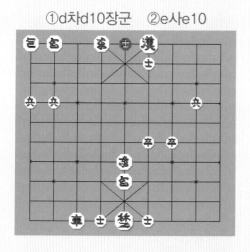

③d차Xe10사장군#

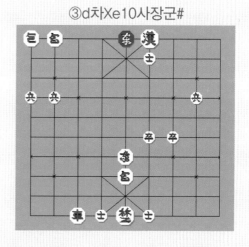

문제 29 외통 기본형 제16형

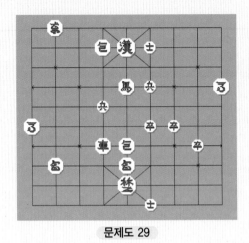

문제도 29

　이 문제는 양 마의 힘을 최대한 발휘하는 문제이다. i7에서 웅크리고 있던 초마가 사고를 친다. 첫수로 우선 g8자리로 가서 호장을 한 후 초차를 궁성에 진입하도록 도와주고 중포로 인해 수비가 약해진 한의 궁성에서 한왕의 피신처는 천궁밖에 없다. 7수째 왼쪽에서 조용히 기회를 엿보고 있던 또 다른 마가 b7로 장군을 부르는 장면이 인상적이다. 정리하자면 초는 좌우에 있던 양 마의 힘을 얻어 7수만에 제16형으로 이긴다. 그 수순은 다음과 같다.

①i마g8장군 ②f사f8 ③b차f10장군 ④e장e8 ⑤f차e10장군 ⑥e장d8 ⑦a마b7장군#

①i마g8장군　②f사f8

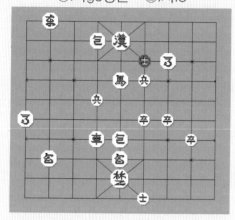

③b차f10장군　④e장e8

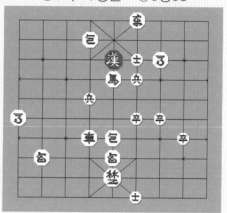

⑤f차e10장군　⑥e장d8

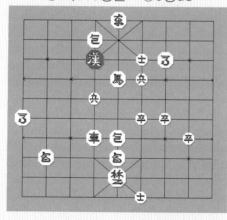

⑦a마b7장군#

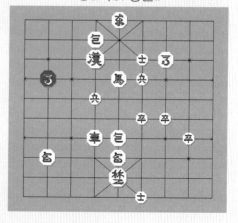

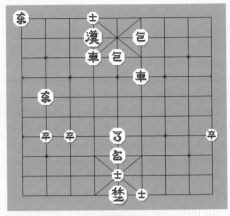

초는 차를 하나 희생하여 한포를 유인한
후 한 궁성의 우형을 이용하여 5수 만에
제9형으로 이긴다.

그 수순은 다음과 같다.

문제도 30

①a차a9장군 ②f포Xa9차 ③b차b9장군 ④a포c9 ⑤b차Xc9포장군#

①a차a9장군　②f포Xa9차　　　　　③b차b9장군　④a포c9

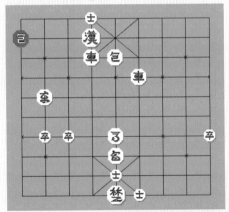

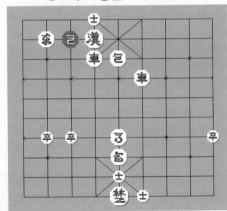

⑤b차Xc9포장군#

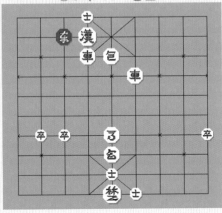

문제 31 외통 기본형 제10형

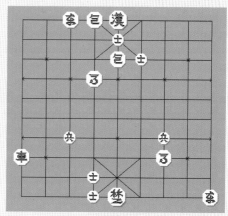

초의 양 차와 마의 합동작전으로 7수 만에 제10형으로 이길 수 있다. 천궁 되어 있는 한왕의 외통 형태가 가련해 보인다. 그 수순은 다음과 같다.

문제도 31

①i차i10장군 ②e사f10 ③d마Xf8사장군 ④e장e9 ⑤c차c9장군 ⑥e장Xf8마 ⑦i차Xf10사장군#

①i차i10장군 ②e사f10

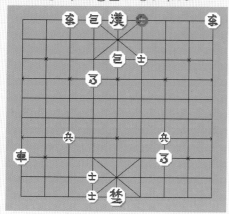

③d마Xf8사장군 ④e장e9

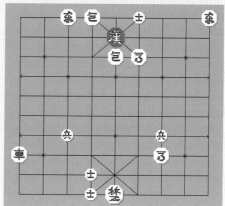

⑤c차c9장군 ⑥e장Xf8마

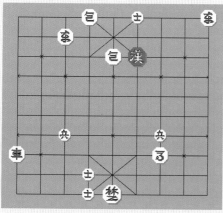

⑦i차Xf10사장군#

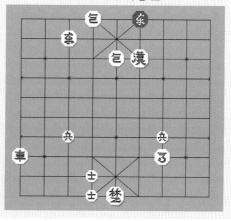

문제 32 외통 기본형 제10형

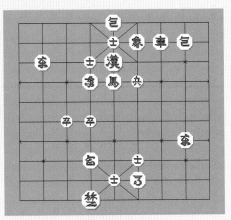

초는 차를 하나 희생하여 한왕을 유인한
후 제10형으로 이긴다. 31번 문제와 유
사한 문제이다. 그 수순은 다음과 같다.

문제도 32

①h차h8장군 ②e사f8 ③h차Xf8사장군 ④e장Xf8차 ⑤b차Xd8사장군#

①h차h8장군 ②e사f8

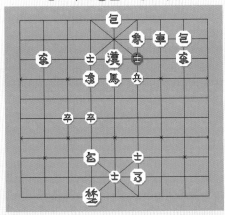

③h차Xf8사장군 ④e장Xf8차

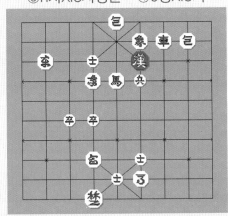

⑤b차Xd8사장군#

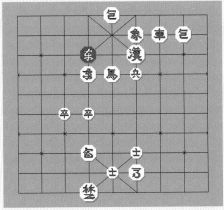

문제 33 외통 기본형 제14형

초는 차를 희생하여 한왕 앞을 지키는 귀마를 없애고 i줄차를 d줄로 이동하여 d줄과 e줄, 양 줄을 장악하는 제14형으로 7수 만에 이길 수 있다. 첫수가 과감하지만 승패를 결정짓는 묘수이다.
그 수순은 다음과 같다.

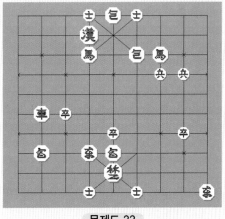

문제도 33

①d차Xd8마장군 ②d장Xd8차 ③i차i5 ④b차Xc5졸 ⑤i차Xc5차 ⑥h병h6 ⑦c차d5장군#

①d차Xd8마장군　②d장Xd8차　　　　③i차i5　④b차Xc5졸

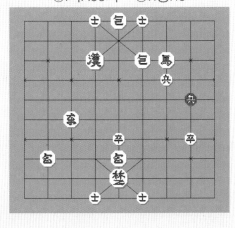

⑤i차Xc5차　⑥h병h6　　　　　⑦c차d5장군#

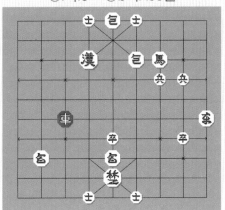

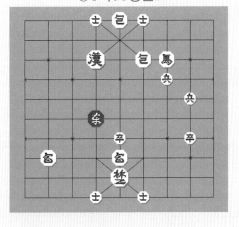

문제 34 외통 기본형 제6형

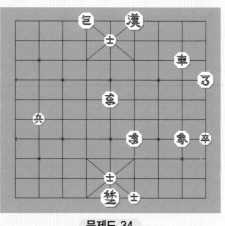

초는 초마를 희생하여 수비지역 이탈 강요 기술을 써서 한차의 수비위치를 변경시킨다. 그 다음 준비되어 있는 한상이 호장하는 수로 5수 만에 제6형으로 이긴다. 마 희생을 통한 초차와 초상의 합동작전이 멋지게 성공한 외통사례이다. 그 수순은 다음과 같다.

문제도 34

①i마g8장군! ②h차Xg8마 ③f상h7장군! ④g차h8 ⑤e차Xe9사장군#

①i마g8장군!   ②h차Xg8마

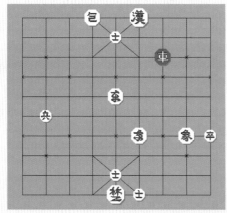

③f상h7장군!   ④g차h8

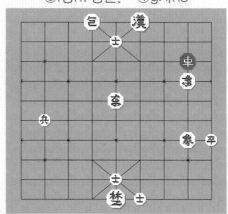

⑤e차Xe9사장군#

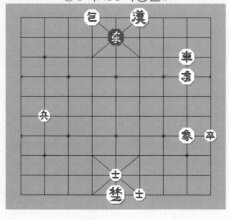

문제 35 외통 기본형 제14형

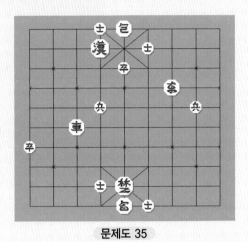

문제도 35

이 문제의 상황은 한포가 포장군을 부른 장면이다. 첫수로는 선수로 장군을 피하면서 '멍군장군'을 하면서 졸을 희생하는 장면이 멋있다. 그 후 초차와 초포가 d줄과 e줄을 양줄 장악하여 제14형으로 이긴다. 수순은 다음과 같다.

①e졸d8장군! ②d장Xd8졸 ③g차d7장군#

①e졸d8장군!　②d장Xd8졸　　　　　　　　③g차d7장군#

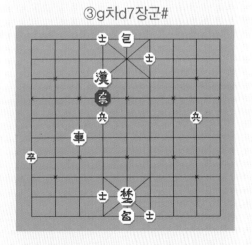

문제 36 외통 기본형 제6형

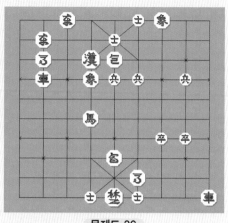

첫수로 차를 공짜로 죽이고 한의 e9사를 d9로 유인하는 수가 묘수이다. 그 다음은 외길 수순으로서 나머지 차와 마의 합동작전으로 7수 만에 제6형으로 이긴다. 그 수순은 다음과 같다.

문제도 36

①b차d9장군!! ②e사Xd9차 ③c차Xf10사장군 ④d사e9 ⑤b마c10장군 ⑥d장d9 ⑦f차Xe9사장군#

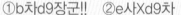

①b차d9장군!! ②e사Xd9차   ③c차Xf10사장군 ④d사e9

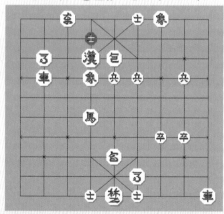

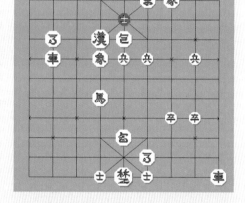

⑤b마c10장군 ⑥d장d9   ⑦f차Xe9사장군#

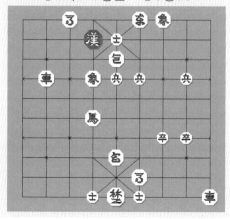

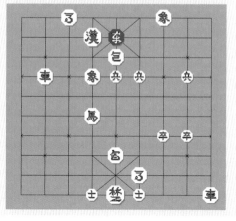

문제 37 외통 기본형 제6형

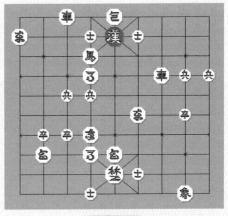

양차를 이용하여 한 궁성을 민궁으로
만들고 초마와 초차의 합동작전으로 제
6형으로 이기는 문제이다. 첫수로 어떤
차를 희생하는가가 중요하다.

그 수순은 다음과 같다.

문제도 37

①f차Xf9사장군 ②e장Xf9차 ③a차Xd9사장군 ④f장f10 ⑤d차Xd8마장군 ⑥f장f9 ⑦d차
e9장군#

①f차Xf9사장군 ②e장Xf9차

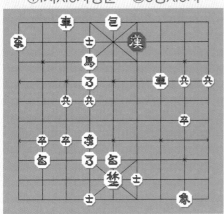

③a차Xd9사장군 ④f장f10

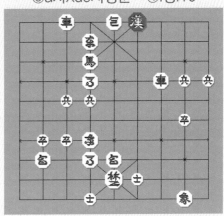

⑤d차Xd8마장군 ⑥f장f9

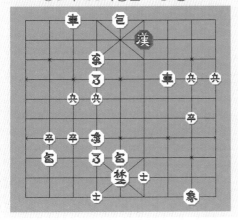

⑦d차e9장군#

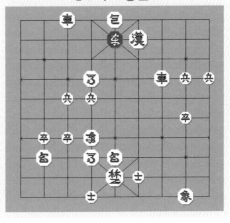

문제 38 외통 기본형 제7형

초차가 g6상의 힘을 얻어서 7수 만에
제7형으로 이긴다. g6상의 공격 범위를
눈 여겨 보면 실전에서 잘 써먹을 수가
있다. 마지막 수에 d8자리로 차가 한 궁
성의 급소를 찌르는 수가 인상적이다.
수순은 다음과 같다.

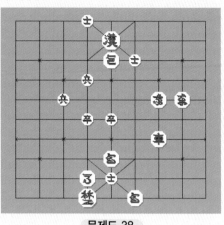

문제도 38

①h차h9장군 ②e장e10 ③h차h10장군 ④e장e9 ⑤h차f10장군 ⑥e장d9 ⑦f차d8장군#

①h차h9장군 ②e장e10

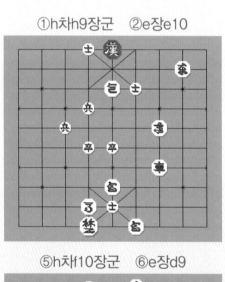

③h차h10장군 ④e장e9

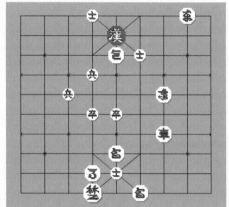

⑤h차f10장군 ⑥e장d9

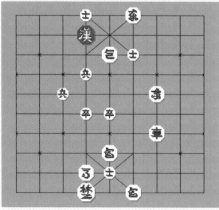

⑦f차d8장군#

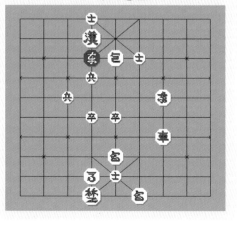

문제 39 외통 기본형 제14형

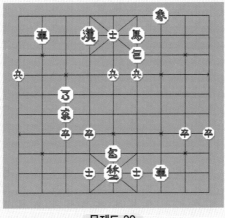

문제도 39

이 문제의 상황은 초에서 역전을 하는 장면이다. 첫수로 c6마가 b8자리로 장군을 치는 수가 묘수이다. 만약 한차가 이 마를 잡으면 c5차의 장군에 의해 외통이 되므로 한왕이 할 수 없이 천궁이 되지만 초는 계속 11수의 연장군으로 e줄과 d줄을 장악하여 제14형으로 이긴다. 그 수순은 다음과 같다.

①c마b8장군! ②d장d8 ③c차d5장군 ④e병d7 ⑤d차Xd7병장군 ⑥d장e8 ⑦d졸e4장군 ⑧f병e7 ⑨d차Xe7병장군 ⑩e장d8 ⑪e차d7장군#

①c마b8장군! ②d장d8   ③c차d5장군 ④e병d7

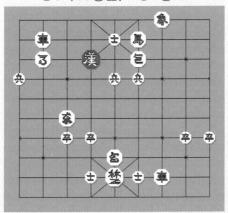
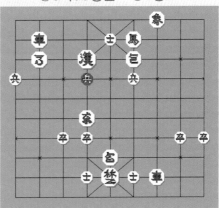

⑤d차Xd7병장군　⑥d장e8

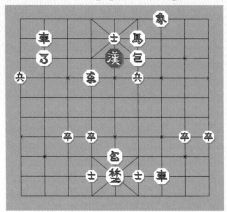

⑦d졸e4장군　⑧f병e7

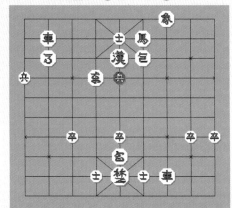

⑨d차Xe7병장군　⑩e장d8

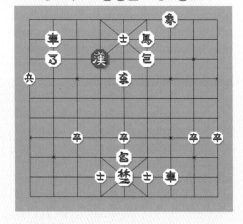

⑪e차d7장군#

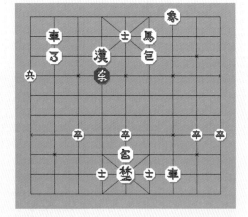

문제 40 외통 기본형 제7형

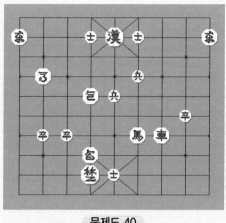

문제도 40

첫수로 a9차로 a9차Xd9사장군하여 d9사를 잡는 수와 i9차Xf9사장군수 중 어떤 것이 정수인지 고민이 될 것이다. 이럴 때 판단 기준은 아주 명확하다. 현재 b7마가 있으므로 한왕을 궁의 좌측인 d줄로 몰아야 한다.

즉 아군의 세력권 속으로 적 왕을 유인해야 후속수가 연결된다. 따라서 첫수는 ①a차Xd9사장군이 정수이다. 그 후 초는 총 7수 만에 아래와 같은 수순으로 제7형으로 이긴다 ①a차Xd9사장군! ②e장Xd9차 ③i차Xf9사장군 ④d장d10 ⑤f차f10장군 ⑥d장d9 ⑦f차d8장군# 이렇게 외통 전략을 설계할 때 최종 외통 모양을 염두에 두고 첫수를 결정하는 것이 중요하다.

①a차Xd9사장군! ②e장Xd9차   ③i차Xf9사장군 ④d장d10

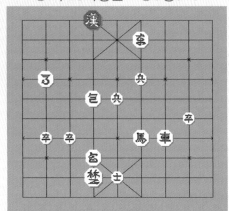

⑤f차f10장군 ⑥d장d9   ⑦f차d8장군#

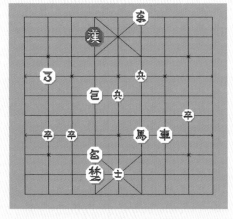

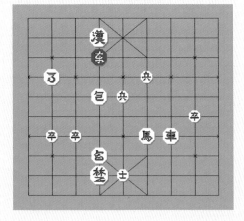

문제 41 외통 기본형 제7형

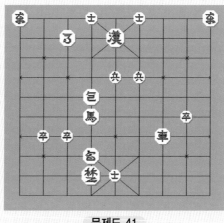

문제도 41

이 문제도 40번 문제와 비슷한 발상이 필요하다. 앞에서 설명하였듯이 c9마가 있으므로 ①a차Xd10사장군이 정수이다. 초는 총 9수 만에 제7형으로 이긴다. 그 정교한 외통 수순은 다음과 같다.

①a차Xd10사장군 ②e장Xd10차 ③i차Xf10사장군 ④d장d9 ⑤f차f9장군 ⑥d장d10 ⑦c마e8장군 ⑧d장e10 ⑨f차f10장군#

①a차Xd10사장군 ②e장Xd10차   ③i차Xf10사장군 ④d장d9

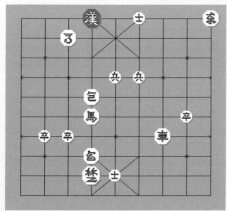 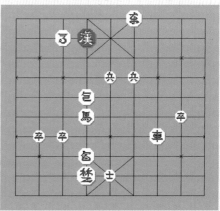

⑤f차f9장군 ⑥d장d10

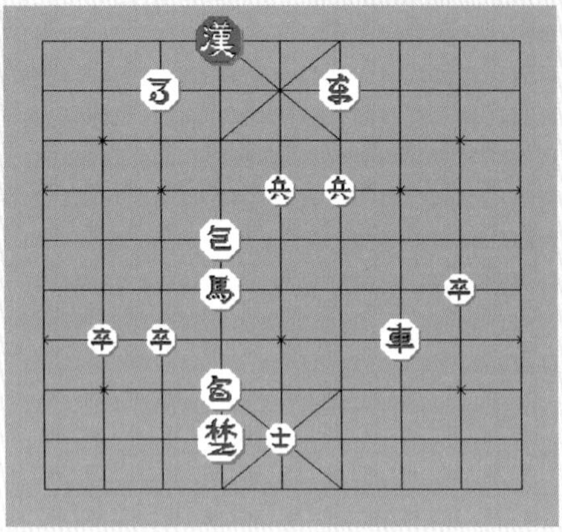

⑦c마e8장군 ⑧d장e10

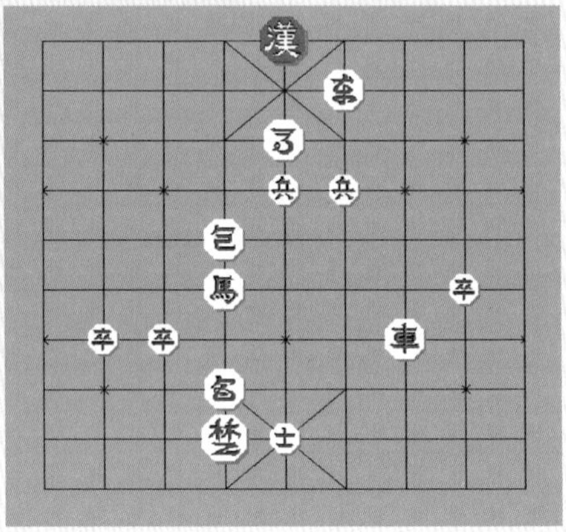

⑨f차f10장군#

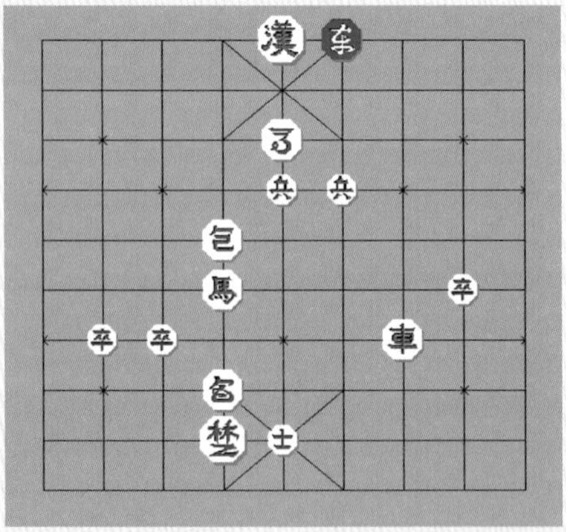

문제 42 외통 기본형 제14형

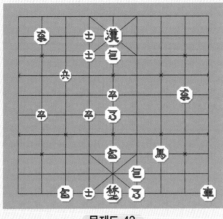

문제도 42

　본 문제 상황은 힘을 합세하면 상대가 쉽게 무너진다고 하는 것을 보여준다. 현재 한의 궁성의 형태가 우형이어서 초가 이런 우형을 잘 이용하여 이기면 될 것 같다. 우선 첫수로 h차가 호장을 부르면서 9선에 진입 후 연장군으로 양차가 10선에서 힘을 합세하는 외통 전략을 세우면 된다. 초는 총 9수 만에 제14형으로 이긴다. 그 외통 수순은 다음과 같다.

①h차h9장군 ②e장e10 ③b차b10장군 ④d사d10 ⑤h차h10장군 ⑥e장e9 ⑦b차Xd10 사장군 ⑧e장f9 ⑨h차h9장군#

①h차h9장군　②e장e10　　　　　　③b차b10장군　④d사d10

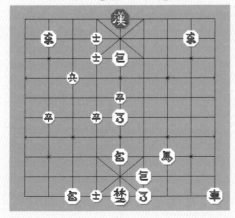

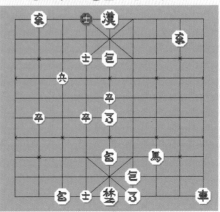

⑤h차h10장군 ⑥e장e9

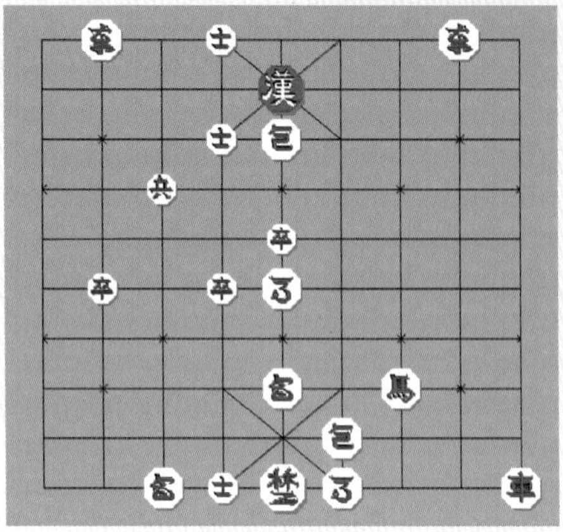

⑦b차Xd10사장군 ⑧e장f9

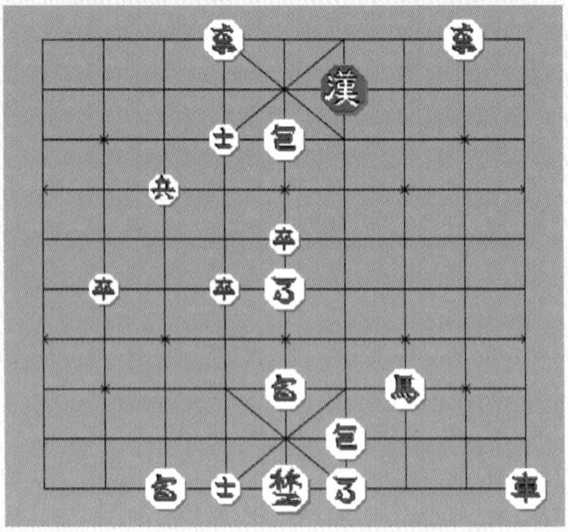

⑨h차h9장군#

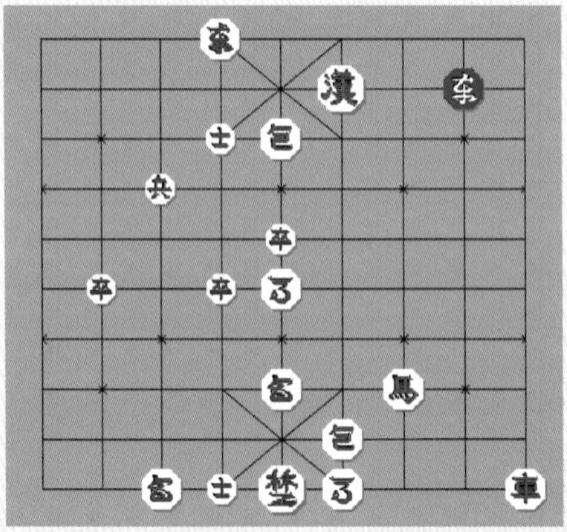

문제 43 외통 기본형 제13형

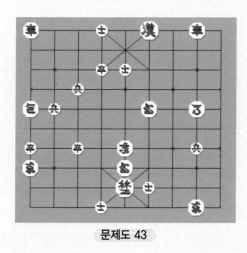

문제도 43

초에서 절대적으로 유리한데 이를 효과적으로 빨리 효율적으로 이기는 것도 중요하다. 초의 양 포가 e줄과 f줄에 있고 h마가 좋은 위치에 있는 것을 이용하여 아무 희생 없이 초가 9수 만에 제 13형으로 이길 수 있다. 그 외통 수순은 다음과 같다.

①h마g8장군 ②f장f9 ③g마Xh10차장군 ④f장f10 ⑤d졸Xe8사 ⑥a포e6 ⑦f포f1장군 ⑧f장e10 ⑨e상g7장군#

①h마g8장군 ②f장f9   ③g마Xh10차장군 ④f장f10

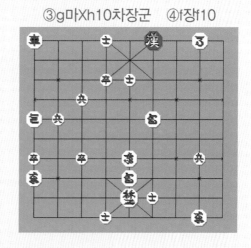

⑤d졸Xe8사　⑥a포e6　　　⑦f포f1장군　⑧f장e10

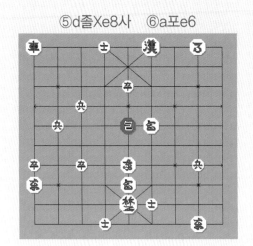

⑨e상g7장군#

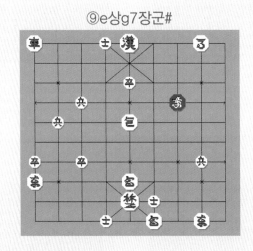

문제 44 외통 기본형 제4형

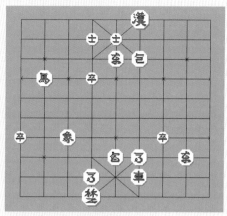

'포로 사치는 데 묘수 있다'는 장기 격언이 있다. 본 문제가 그 경우이다. 초는 포로 사를 치는 수비수 제거기술로 한의 방어력을 감소시키고 양차의 힘을 모아서 7수 만에 제4형으로 이긴다.
수순은 다음과 같다.

문제도 44

①e포Xe9사! ②d사Xe9포 ③h차h10장군 ④f장f9 ⑤h차h9장군 ⑥f장f10 ⑦h차Xe9사장군#

①e포Xe9사!　②d사Xe9포

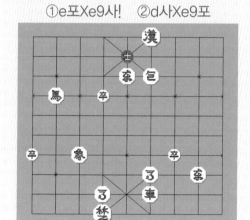

③h차h10장군　④f장f9

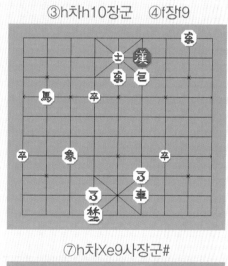

⑤h차h9장군　⑥f장f10

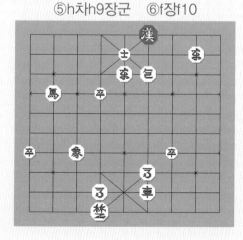

⑦h차Xe9사장군#

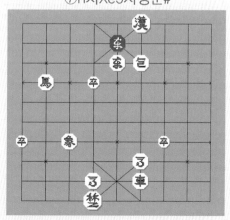

문제 45 외통 기본형 제4형

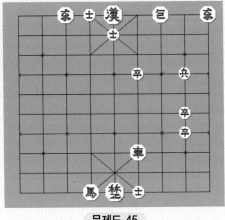

문제도 45

이 문제도 앞의 40번, 41번 문제와 유사한 문제이다. 셋째 수로 좌우의 어떤 차로 어떤 사를 때리느냐가 관건인데 f줄에 아군의 졸이 있으므로 한왕을 f줄로 모는 것이 정수이다. 즉, 아군의 세력권 속으로 적 왕을 몰아야 하는 것이 외통의 기본 원리이다. 그 상세한 수순은 다음과 같고 초는 총 7수 만에 제4형으로 이긴다. 수순은 다음과 같다.

①i차Xg10포장군 ②e사f10 ③g차Xf10사장군! ④e장Xf10차 ⑤c차Xd10사장군 ⑥f장9
⑦d차f8장군#

①i차Xg10포장군　②e사f10

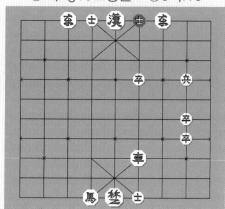

③g차Xf10사장군!　④e장Xf10차

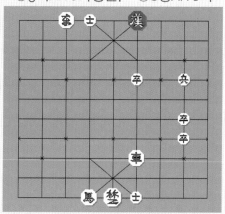

⑤c차Xd10사장군　⑥f장f9

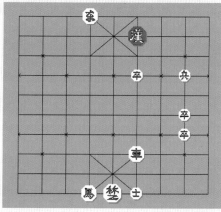

⑦d차f8장군#

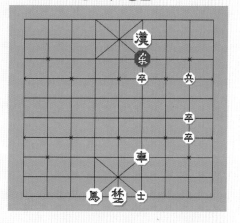

문제 46 외통 기본형 제8형

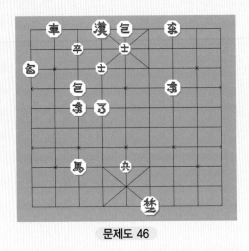

문제도 46

기물 형태를 분석해 보면 한의 왕은 좌측에 있어서 안전해 보인다. 이를 공략하기 위해서는 g7상을 잘 이용하여 e10포를 공략하는 외통 전략으로 가야 한다. 우선 첫수로 궁성의 8선에 포를 투입시킨다. 한의 e사가 이 포를 잡으면 g차X포장군#이 되므로 e9사가 f9로 갈 수 밖에 없을 때 3수째 졸을 희생하는 수가 묘수이다. 이 희생수 후에 공격이 연결되어 초는 총 9수 만에 상/차 합동작전이 성공하여 제8형으로 이긴다. 이 해답 수순을 처음에 발견을 못하였더라도 완전히 외울 때까지 반복하길 권한다. 이 문제 해법에는 유인기술, 길트기기술, 멱풀기기술 등 많은 전술이 사용된다. 그 외통 수순은 다음과 같다.

①a포f8장군!! ②e사f9 ③c졸d9장군 ④d사Xd9졸 ⑤d마c8장군 ⑥c포c9 ⑦c상e9장군 ⑧f사Xf8포 ⑨g차Xe10포장군#

① a포f8장군!! ② e사f9 ③ c졸d9장군 ④ d사Xd9졸

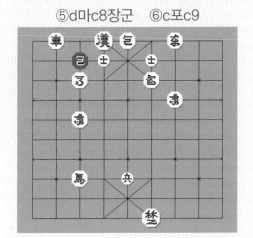

⑤ d마c8장군 ⑥ c포c9 ⑦ c상e9장군 ⑧ f사Xf8포

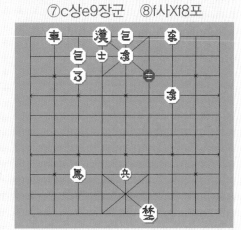

⑨ g차Xe10포장군#

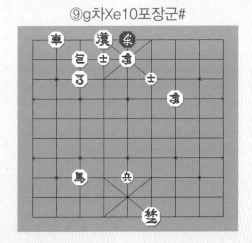

문제 47 외통 기본형 제11형

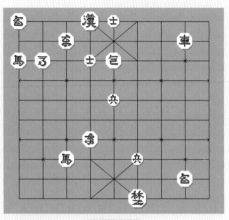

문제도 47

수비의 핵심인 한차를 9선에서 10선으로 유인하기 위해서 첫수로 포를 희생시킨다. 그 다음 3수째 차를 희생하여 한 왕의 퇴로를 차단하고 포/마/상 합동작전으로 총 7수 만에 제11형으로 이긴다. 그 상세한 수순은 아래와 같다.

①h포h10장군!! ②h차Xh10포 ③c차d9장군 ④d사Xd9차 ⑤b마c10장군 ⑥a마b10 ⑦d상b7장군#

①h포h10장군!! ②h차Xh10포

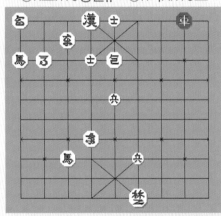

③c차d9장군 ④d사Xd9차

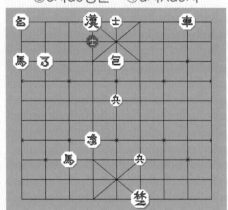

⑤b마c10장군 ⑥a마b10

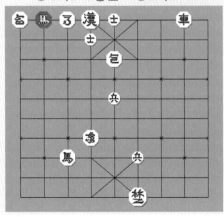

⑦d상b7장군#

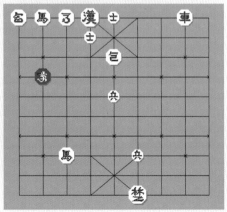

문제 48 외통 기본형 제12형

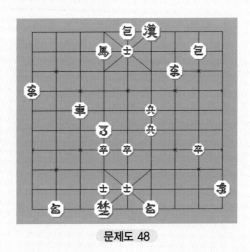

문제도 48

초는 차를 희생하여 9수 만에 궁중포 우형을 이용하여 제12형으로 이긴다.
그 외통 수순은 다음과 같다.

①a차f7장군 ②e사f9 ③g차d8장군 ④h포e9 ⑤f차Xf9사장군! ⑥f장Xf9차 ⑦d마e7장군
⑧f장f10 ⑨d차f8장군#

①a차f7장군 ②e사f9   ③g차d8장군 ④h포e9

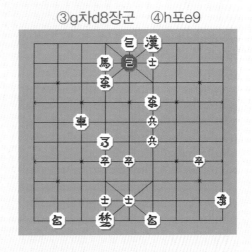

⑤f차Xf9사장군! ⑥f장Xf9차

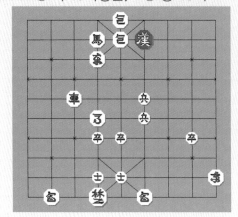

⑦d마e7장군 ⑧f장f10

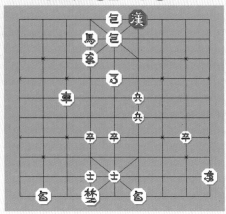

⑨d차f8장군#

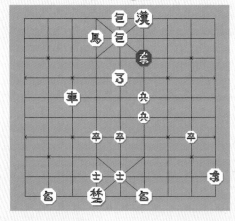

문제 49 외통 기본형 제19형 또는 제18형

한 궁성에서 현재 제일 약한 자리는 초의 힘이 합쳐지는 d8자리와 f10자리이다. 초는 차를 하나 희생하여 7수 만에 차/포 합동작전으로 제18형 또는 제19형으로 이긴다. 그 외통 수순은 다음과 같다.

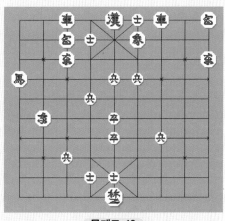

문제도 49

①c차e8장군 ②d사e9 ③e차Xe9사장군! ④e장Xe9차 ⑤i차d8장군 ⑥e장e10 ⑦d차Xf10사장군#

①c차e8장군 　②d사e9

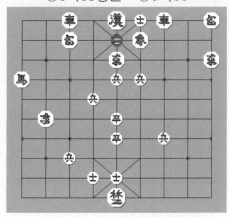

③e차Xe9사장군!　④e장Xe9차

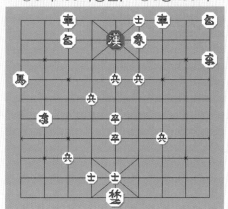

⑤i차d8장군 　⑥e장e10

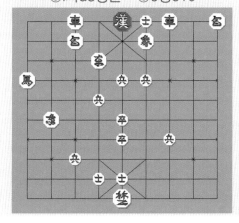

⑦d차Xf10사장군#

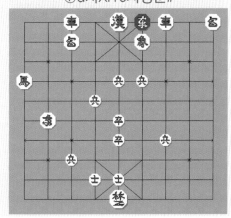

문제 50 외통 기본형 제21형

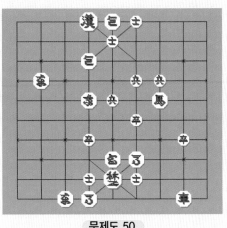

초에서 차의 희생을 통해 깔끔하게 길
트기기술과 양수겸장기술로 7수 만에 제
21형으로 이긴다.

그 외통 수순은 다음과 같다.

문제도 50

①b차b10장군!! ②e포Xb10차 ③d상a8장군 ④d장d9 ⑤c차c9장군 ⑥d장d10 ⑦c차
Xe9사장군++#

①b차b10장군!! ②e포Xb10차

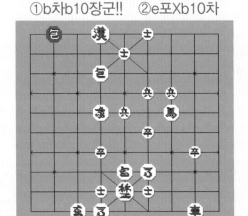

③d상a8장군 ④d장d9

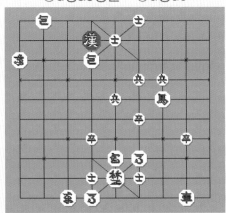

⑤c차c9장군 ⑥d장d10

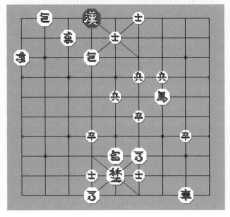

⑦c차Xe9사장군++#

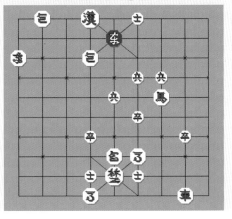